Quand l'entreprise transforme les mutations en opportunités

→ **Développer une stratégie durable et réaliste dans un environnement incertain**

Maximilien Brabec

Quand l'entreprise transforme les mutations en opportunités

⟶ **Développer une stratégie durable et réaliste dans un environnement incertain**

MARDAGA

B-1160 Bruxelles (Belgique)
www.editionsmardaga.com

Coordination éditoriale : Véronique Dupas et Laura Vanham
Illustration de couverture : © studio4rt via Freepik
Maquette intérieure : Carine Thurion – CW Design

Dépôt légal : 2024/0024/1
ISBN papier : 9782804734619
ISBN numérique : 9782804734626

Achevé d'imprimer en novembre 2023
sur les presses de la Nouvelle Imprimerie Laballery à Clamecy (58).

N° d'impression : 311117

SOMMAIRE

PRÉFACE

Notre environnement est sujet à de nombreux changements : comme toutes les entreprises, nos entreprises sociales de l'habitat en ont parfaitement conscience. Ces dernières regorgent tant de menaces pour notre modèle existant que de potentialités de nouvelles créations de valeur, ce qui nous invite à entreprendre autrement, à travers une autre approche de projet d'entreprise, pour pivoter en épousant au mieux ces potentialités.

Cet ouvrage s'adresse à toute entreprise, qu'elle soit une entreprise de produits ou de services. Il propose des approches dont l'application est illustrée de manière concrète sur le cas d'une entreprise sociale de l'habitat, qui est à la fois une entreprise de produits et de services, avec une dimension entrepreneuriale forte.

Notre Fédération et moi-même tenons à remercier tous les membres de la Fédération, dirigeants opérationnels d'entreprises, pour tous les travaux auxquels ils ont participé avec Maximilien Brabec, afin de contribuer à la richesse de ces illustrations. Celles-ci s'adressent tant à nos chères entreprises qu'à toute entreprise soucieuse de forger sa réussite future en harmonie avec les mutations de son environnement et sa propre dynamique humaine et collective.

Valérie Fournier

Présidente de la Fédération des ESH

« Entreprendre ensemble par l'habitat abordable pour une société plus durable, solidaire et humaine »

INTRODUCTION

Notre environnement évolue en discontinuité majeure par rapport au passé depuis plusieurs décennies, obligeant les entreprises à s'adapter fréquemment. Certaines personnes considèrent cet environnement comme étant volatil, incertain, complexe et ambigu (VUCA[1]). Cependant, cette formule peut être anxiogène, voire incitative à bouger dans tous les sens au fil de l'eau. Or, à bouger dans tous les sens, on ne construit rien.

De nombreux articles s'étonnent sur le fait que nous n'avons jamais autant parlé de l'absence de sens dans les entreprises, alors que, reconnaissons-le, nous n'avons jamais autant parlé de raison d'être et de valeur pour donner le sens. Ne serait-ce pas tout simplement dû au fait que les entreprises auraient tendance à aller dans tous les sens, ne serait-ce qu'en considérant la boulimie des projets qu'elles portent pendant leur parcours ? Cela engendre une surcomplexité absolument négative.

Une étude[2] démontre une complexité croissante de notre environnement, multipliée par six en soixante ans. Dans le même temps, la complexité des entreprises s'est multipliée par 35. Cette surcomplexité interne rend difficile l'appréhension agile du monde externe.

J'entends souvent des consultants, qui sont dans mon domaine d'expertise en stratégie et en innovation, affirmer qu'à force de faire de la tactique les entreprises finissent par ne pas avoir de stratégie.

Cependant, la bonne nouvelle, comme nous le verrons tout au long de l'ouvrage avec études à l'appui, c'est que notre environnement est on ne peut plus fertile à de nouvelles créations de valeurs qui jouent avec ces discontinuités… au lieu de leur faire face. À l'image d'un bateau qui doit affronter des déferlantes, nous pouvons aussi surfer avec ces discontinuités, tel un surfeur qui exploite la fabuleuse énergie sous-jacente. Comme pour ce dernier, cela nécessite à l'évidence de revenir à une complexité interne minimale : nous verrons que les entreprises dotées de la meilleure complexité interne minimale sont les plus à même d'appréhender la complexité de leur environnement.

Votre entreprise a tout à gagner à porter cette seconde posture au sein de son collectif : au lieu d'être « anxiogène et brouillon » pendant la durée du parcours, celle-ci est « désirogène et alignante » favorisant l'engagement et l'accomplissement collectifs. Malgré les propos précédents, vous vous dites peut-être qu'il suffit de s'adapter pour faire face à un monde qui bouge. Pour autant, ne faire que s'adapter, c'est subir son destin en rajoutant de la complexité au gré des incohérences du monde qui bouge. Cela peut paraître moins risqué à court terme, alors que subir son destin est ce qu'il y a de plus risqué à long terme.

La seconde posture, bâtir son destin, est certes risquée, mais cela suscite un engagement pour dépasser les risques. De nombreuses observations nous montrent bien que l'avenir appartient à ceux qui le créent en dépassant les risques à travers cette posture. Toute entreprise a la possibilité de prendre cette seconde posture, c'est la raison d'être de cet ouvrage, autrement dit : comment procéder concrètement demain avec notre collectif pour nous réinventer et nous doter d'un projet d'entreprise qui joue avec les discontinuités et donne le sens de l'engagement collectif dans la durée ?

L'ouvrage s'adresse tant aux décideurs qu'aux autres niveaux hiérarchiques de votre entreprise : aucune stratégie ne sera pertinente si elle n'est pas portée par votre collectif, à tous les niveaux.

Il s'articule en trois parties :

– la première partie de l'ouvrage se consacre à vous éclairer : pourquoi et comment faut-il nous réinventer et revisiter nos approches de construction de valeur à long terme dans nos entreprises, compte tenu des discontinuités de notre environnement ? Elle est illustrée par des exemples et propose des études pour appuyer ses réponses sur le comment ;

– pour permettre à notre collectif de réinventer notre entreprise en surfant avec les discontinuités et en amplifiant notre engagement collectif, il s'agit d'engager notre collectif dans un parcours d'étonnements sur les possibles de demain. La deuxième partie de l'ouvrage détaille ce parcours collectif d'étonnements. À ce titre, elle apporte une emphase toute particulière sur l'explosion des données et la révolution des potentialités associées pour notre entreprise ;
– c'est ensuite, à l'appui de la vision de ces nouveaux possibles qui surfent avec les discontinuités, que nous pouvons façonner notre projet d'entreprise à travers la troisième partie de l'ouvrage : quel projet d'entreprise pour construire une nouvelle valeur à long terme en lien avec notre raison d'être ? Pour ce faire, des approches sont mises en évidence pour apporter de nouvelles valeurs environnementales et sociétales décisives à travers le projet d'entreprise. En effet, pour être pertinent par rapport au monde de demain, le projet d'entreprise doit apporter quatre nouvelles valeurs symbiotiques :
  - nouvelle valeur apportée aux clients ;
  - nouvelle valeur environnementale et sociétale ;
  - nouvelle valeur apportée aux salariés ;
  - nouvelle valeur économique.

Il est à noter que la quatrième valeur devient de plus en plus une résultante des trois autres.

Si certaines propositions de l'ouvrage peuvent vous surprendre, rassurez-vous, c'est parce qu'elles sont conçues pour nous réinventer et pour jouer avec les discontinuités, et non plus seulement se contenter de faire face à elles en adaptant l'existant. Par ailleurs, nous sommes attachés à toutes les étayer par des études récentes sur l'ensemble des trois parties.

Pour transmettre de manière concrète les outils et les approches proposés dans les deuxième et troisième parties, l'ouvrage présente une étude de cas réalisée en collaboration avec un groupe de dirigeants d'entreprises sociales pour l'habitat. Cette étude de cas a été initiée par la Fédération des entreprises sociales pour l'habitat, que je remercie ici sincèrement.

Les travaux issus de cette étude de cas vous offrent des illustrations accessibles et représentatives d'une entreprise classique, qui est à la fois une entreprise de services et de produits. Cela vous permettra ainsi de vous projeter quant à l'application des approches et des outils proposés dans le contexte de votre propre entreprise.

PARTIE 1

Revisiter les approches historiques de construction de valeur à long terme dans nos entreprises

Les entreprises ont su faire preuve de stratégies gagnantes par le passé, en employant les classiques de la stratégie qui ont fait leurs preuves dans le passé : prospective stratégique, forces/faiblesses-opportunités/menaces, portefeuille d'activité, matrice attrait/atout, les cinq forces de Michael Porter.

Nous pouvons donc envisager l'avenir en toute confiance, si ce ne sont les mutations profondes de notre environnement qui nous obligent à nous discontinuer du passé.

Face à la fragilité de plus en plus criante de notre planète, nous ne pouvons plus nous permettre de continuer et de prolonger nos modèles du passé qui auraient en partie causé cette fragilité. À titre d'illustration, des scientifiques du Stockholm Resilience Center confirment que nous avons dépassé, en janvier 2022, la cinquième frontière planétaire, celle de la pollution chimique et de la libération de substances toxiques de longue durée, et, en mai 2022, la sixième, celle qui concerne le cycle de l'eau et plus particulièrement l'eau verte, absorbée par les végétaux, qui, dès lors, auront des effets négatifs irréversibles sur notre planète et l'humanité (cf. figure 1). Par exemple, pour une entreprise sociale pour l'habitat, certaines de ces frontières dépassées sont autant de limites concernant l'artificialisation en général, en attestent les engagements pour la neutralité carbone à l'horizon 2050, incluant le zéro artificialisation nette.

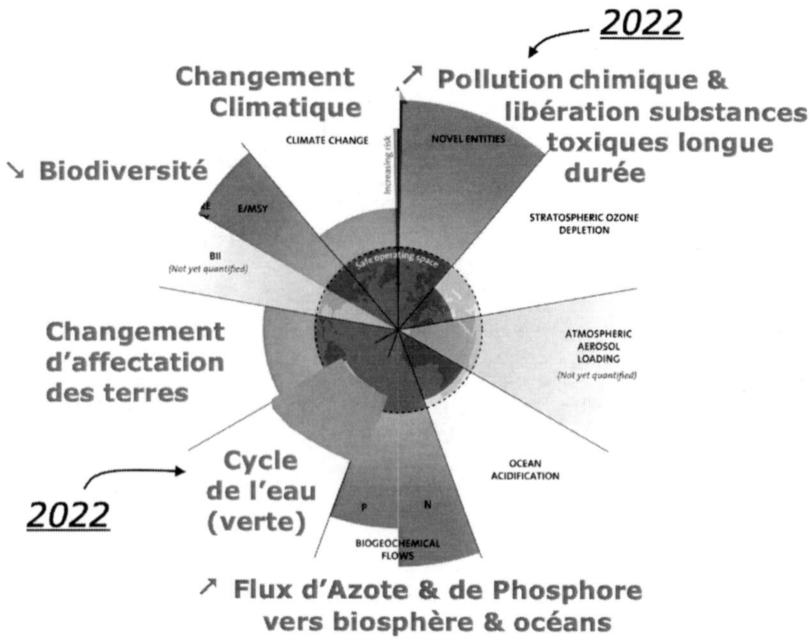

Figure 1. Six frontières planétaires déjà franchies en 2022[3]

Une autre mutation concerne l'intensification des inégalités sociales qui seront développées plus loin et qui sont notamment amplifiées par les mutations précédentes[4]. Cette intensification ayant des niveaux incomparables par rapport à l'existant, il s'agit d'une vraie mutation à prendre en compte. À ce titre, de plus en plus de données semblent « appartenir » à des forces obscures de plus en plus grosses et riches. Ces forces peuvent potentiellement intensifier des inégalités concurrentielles au détriment de nos chères entreprises qui œuvrent dans un vrai rôle sociétal. Nos entreprises pourraient peut-être se coaliser pour bénéficier, elles aussi, de toute la valeur potentielle qu'elles pourraient tirer de toutes leurs données ainsi « coalisées », tout en les protégeant de tout usage malveillant.

La question à laquelle nous répondons à travers cette première partie est donc : pourquoi et comment faut-il revisiter nos approches de stratégie et nos approches de construction de valeur à long terme dans nos entreprises, compte tenu des mutations de notre environnement ?

CHAPITRE 1

POURQUOI REVISITER NOS APPROCHES DE CONSTRUCTION DE VALEUR À LONG TERME ?

Première raison : un environnement de moins en moins prévisible ET de plus en plus malléable

Un premier élément de réponse nous vient d'une étude parue dans la revue *Harvard Business Review*, intitulée « *Your Strategy Needs a Strategy* », qui met en évidence déjà en 2012 que toute entreprise doit plus que jamais bâtir sa stratégie en fonction de deux variables liées à son environnement (cf. figure 2) :

– première variable en abscisse : le niveau de malléabilité, c'est-à-dire la capacité de l'entreprise à influencer ces facteurs (faible à gauche de l'abscisse, forte à droite de l'abscisse) ;
– seconde variable en ordonnée : le niveau de prévisibilité des nouveaux facteurs qui vont prévaloir et influencer, voire fragiliser, l'activité de l'entreprise (forte en haut de l'ordonnée, faible en bas de l'ordonnée).

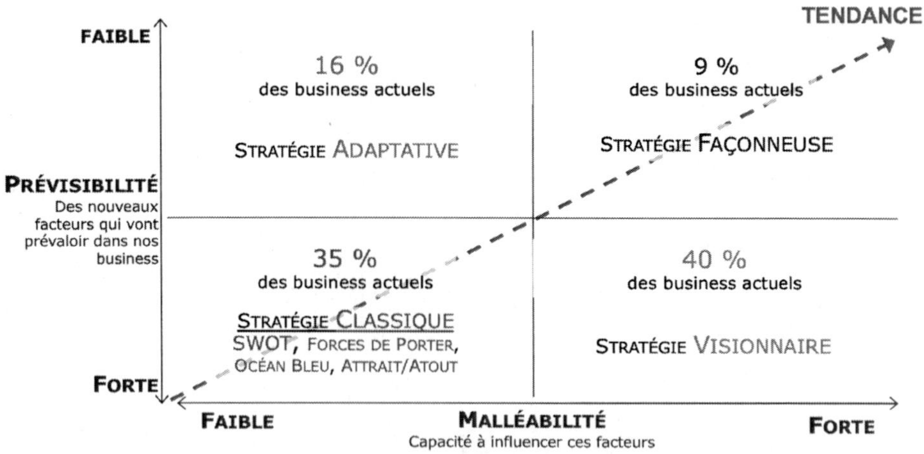

Figure 2. Quelle approche stratégique pour notre entreprise[5] ?

Les auteurs de l'étude ont pris le soin de positionner un panel représentatif d'entreprises de différentes activités et ont ainsi révélé que seulement 35 % des entreprises en 2012 pouvaient bâtir leur stratégie dans la continuité de leur modèle passé : ce sont celles qui sont situées en bas (prévisibilité faible) et à gauche (malléabilité faible). Selon cette étude, seules ces entreprises peuvent très bien définir leur stratégie en employant les classiques de la stratégie, dont une bonne partie date des années 1970 :

- la matrice SWOT (acronyme anglais de forces/faiblesses, opportunités/menaces) ;
- les cinq forces de Porter (pouvoir de négociation des clients, pouvoir de négociation des fournisseurs, menace des produits de substitution, menace de nouveaux entrants, menace intrasectorielle) ;
- l'analyse par domaine d'activité stratégique associée à la matrice de McKinsey permettant de positionner les activités selon leur attrait et leur atout.

Notons que, selon ces auteurs, les pratiques proposées par l'ouvrage *L'océan bleu*, paru en 2004, restent dans le registre des approches stratégiques classiques de continuité du passé, malgré sa promesse : créer un nouvel océan vertueux pour l'entreprise en quittant l'océan rouge hyperconcurrentiel.

En revanche, 65 % des activités d'entreprises se situent dans les trois autres cadrans de la figure, qui nécessitent bien d'autres approches stratégiques : adaptative, visionnaire, façonneuse.

L'étude nous alerte par ailleurs que, dans les années à venir, toutes les entreprises vont se déplacer vers la partie haute à droite : prévisibilité faible et malléabilité forte. Par conséquent, nos chères entreprises devront de plus en plus évoluer vers une approche stratégique « façonneuse du futur » (cadran supérieur droit). Pour ceux qui douteraient encore de la malléabilité, il suffit de considérer à quel point la mutation digitale a permis à nombre de nouveaux entrants de créer des transformations majeures (Google, Facebook, Amazon, Alibaba, Airbnb, Booking, ChatGPT, etc.), avec au départ des moyens congrus, en « défiant » parfois même la réglementation de nos chers gouvernements (par exemple, statut des chauffeurs travaillant pour Uber ou des coursiers travaillant pour Uber Eats). D'où la citation suivante qui nous vient de Steve Jobs : « Ceux qui sont assez fous pour penser qu'ils peuvent changer le monde sont ceux qui le font. »

Cela veut donc dire que le futur de l'environnement des entreprises sera de moins en moins prévisible… et de plus en plus malléable par ceux qui rêveraient de réinventer ce qui mérite de l'être, par exemple en jouant avec toutes les potentialités du digital.

A contrario, tout le monde conviendra que faire de la prospective dans un monde de plus en plus imprévisible devient de plus en plus périlleux et largement insuffisant. Il devient donc de plus en plus déterminant de faire de la « créative », ce qui nécessite d'intégrer de plus en plus l'innovation à la stratégie, pour forger un projet d'entreprise gagnant dans le monde de demain. Notons à ce titre que, depuis plusieurs décennies, les ruptures stratégiques ont été introduites par de nouveaux entrants, malgré les efforts avérés des acteurs en place pour innover, avec des moyens plus conséquents que ceux des nouveaux entrants.

> → C'est un constructeur d'avions, Dassault, qui a inventé en 1981 un logiciel de conception en trois dimensions, CATIA, qui a supplanté les leaders des logiciels de conception-design historiques, en jouant beaucoup plus avec les potentialités du calcul matriciel. C'est le même Dassault Systèmes qui a créé, en 2015, 3DEXPERIENCE, une plate-forme intégrée de *Building Information Modeling*, qui change complètement la chaîne de conception (construction), d'exploitation et d'utilisation d'un immeuble, dans des métiers traditionnellement peu digitaux.
>
> → De nouveaux entrants sont arrivés pour apporter de nouvelles valeurs, qui mettent en péril les métiers historiques des experts-comptables : Silae (2010) a vu l'opportunité de réinventer la paie à travers un logiciel qui en produit plus de 5 millions aujourd'hui ; Payfit a vu l'opportunité de réinventer la relation RH associée à la paie, valorisée à 1,82 milliard aujourd'hui ; Pennylane a vu l'opportunité de créer une plate-forme pour digitaliser la comptabilité.

Dans un environnement qui évolue en discontinuité du passé,
l'avenir appartient à ceux qui le créent, pas à ceux
qui essayent de l'anticiper.

Deuxième raison : le statu quo, un piège collectif face à ces discontinuités

Dans un ouvrage intitulé *La vie des abeilles*, Maurice Maeterlinck (Prix Nobel de littérature 1911) nous relate l'expérience suivante qui se déroule en deux temps :

– **premier temps** : il introduit des abeilles puis des mouches dans une carafe transparente dont le bec verseur est tourné vers la lumière. Les abeilles sortent immédiatement de la carafe en allant vers la lumière, qui signifie pour elles la sortie, alors que les mouches vont rester un certain temps à divaguer dans la carafe avant d'en sortir au bout de deux à trois minutes ;
– **second temps** : il inverse la carafe (dorénavant le bec verseur tourne le dos à la lumière) : les abeilles vont se diriger vers la lumière et vont périr à cause du culot transparent qui les empêche de passer, alors que toutes les mouches vont s'en sortir au bout de deux à trois minutes.

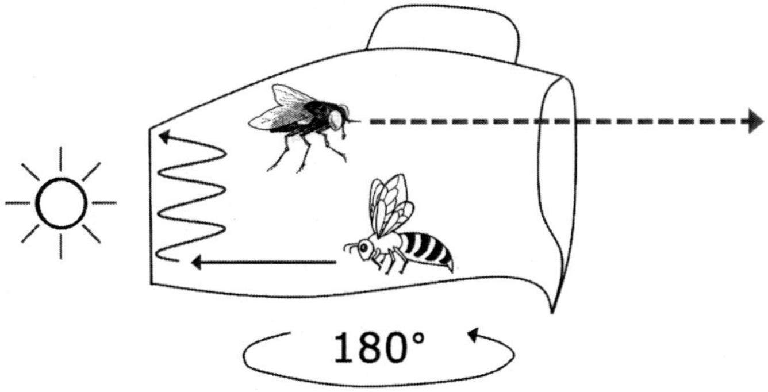

Figure 3. Expérience de la carafe

L'abeille périt à cause de ce qu'elle croit savoir (la sortie se situe là où se trouve la lumière), qui est devenu totalement faux à cause de la rotation de la carafe, alors que la mouche passe son temps à errer sans se poser la question du savoir. C'est ce qui lui permet de découvrir la sortie par sérendipité (elle trouve la sortie sans savoir où elle se situait au départ).

Voici, cher lecteur, les enseignements de cette expérience pour nos entreprises : la rotation de la carafe correspond aux discontinuités de notre environnement. Or, quand notre collectif subit le **second temps** de l'expérience de la carafe, il a naturellement tendance à intensifier ses approches héritées du **premier temps**, qui lui paraissent plus rassurantes.

C'est parfaitement humain, comme l'ont montré différentes études : cela s'appelle le biais de la normalité[6].

Nous obéissons à nos connaissances établies qui forgent notre statu quo.

Souvenez-vous des propos tenus par nombre de responsables politiques et experts face à l'arrivée de la Covid. Des géants de la tech ont eux aussi été piégés par le statu quo : IBM n'a pas cru au PC ; face au frémissement du *cloud*, le président de SAP, leader en suite logicielle pour entreprises, avait déclaré qu'il ne croyait pas au *cloud*, qui est pourtant devenu une évidence.

Par conséquent, c'est une problématique majeure pour nos entreprises : le statu quo nous mène inconsciemment à demander aux discontinuités d'épouser notre existant. C'est certes plus rassurant à court terme, mais bien plus dangereux à long terme, car c'est un contresens : notre existant n'a pas été conçu pour ces rotations de carafe.

Or, nous sommes confrontés à de plus en plus de phénomènes de rotation de carafe, dont nous n'avons pas forcément conscience, voire que nous ne voulons pas admettre. En atteste un autre biais, celui de la confirmation[7], par lequel nous interprétons tous les signaux externes pour confirmer les schémas mentaux de notre statu quo.

Pour doter notre entreprise d'une stratégie gagnante, il est donc crucial d'errer en dehors de la carafe en acceptant de se perdre... faute de quoi nous n'aurons pas conscience des rotations qui concernent pourtant notre stratégie à long terme.

Bien entendu, c'est un point de passage et non une fin en soi. Insistons sur la vertu du mot «errer», dont l'étymologie signifie bel et bien «aller de gauche à droite vers l'aventure» et sur l'étymologie du mot «aventure», qui signifie «ce qui advient». Errer permet donc non seulement de saisir les mutations qui «s'abattent» sur notre carafe collective de manière anxiogène, mais aussi de créer de nouvelles mutations gagnantes que notre ruche collective pourrait utilement apporter demain dans son écosystème, de manière «désirogène» et par voie de conséquence visionnaire.

Troisième raison: notre illusion d'être sorti du statu quo

L'entreprise bénéficie de son modèle actuel A, lequel est hérité de son environnement actuel A. Les rotations de carafe nous plongent à plus ou moins long terme, dans un environnement B, qui est en discontinuité du passé. Or, nous avons une tendance inconsciente à chercher à adapter notre modèle actuel à l'environnement B, ce qui nous mène dans une forme d'auto-escroquerie: nous sommes convaincus de nous doter d'un nouveau modèle B, sans nous rendre compte qu'il s'agit en réalité d'un A', modèle qui consiste à vouloir adapter le A au B. Rappelons le contresens évoqué précédemment: notre modèle A n'a en rien été conçu pour notre environnement B, puisque ce dernier est l'opposé de l'environnement pour lequel notre modèle A a été initialement conçu.

→ Les constructeurs automobiles Toyota et Volkswagen étaient convaincus que leur nouvelle automobile électrique était un B. C'est quelques années plus tard, quand ils ont désossé tout récemment la Tesla 3, qu'ils se sont rendu compte qu'ils avaient fait en fait du A', une « automobile électrique », et que la Tesla 3 est un vrai B qui a six ans d'avance, y compris par rapport aux prochains véhicules que ces constructeurs historiques sont en train de concevoir (A''): la Tesla est une architecture numérique digne de celle d'un iPhone, à partir de laquelle on assemble ce qui ressemble à une automobile. Plus encore, c'est une plate-forme permettant d'échanger et de dispenser des besoins en énergie et des recharges en énergie, à l'image de l'exploitation des 1 200 modules de batteries lithium embarqués et de la fonction *auto-binding* qui permet à une Tesla de redonner de l'électricité qu'elle a eue dans le réseau électrique.

Cet exemple montre bien qu'à cause de nos croyances collectives sur le A, nous croyons faire un B, qui est un véritable A' et qui peut nous conduire dans une stratégie à répercussions négatives à long terme.

- En 2015, Volkswagen était l'une des entreprises les plus endettées au monde, date à laquelle elle se faisait surprendre en plein délit de défendre son A, le véhicule diesel, avec le Diesel Gate. En 2020, elle se rend compte qu'elle accuse six ans de retard stratégique sur Tesla.
- On peut par ailleurs penser que le réseau de stations de recharge sera le cœur de valeur ajoutée de la voiture électrique de demain. Or, comme le révèlent différentes études, le leader européen de cette future création de valeur est… un nouvel entrant, en l'occurrence Tesla[8]. On peut s'interroger sur la pertinence des réflexions stratégiques passées des distributeurs de carburant, d'électricité, et même des constructeurs automobiles historiques devant une rotation évidente de carafe, qui a été créée par un nouvel entrant. Cela s'explique tout simplement par

le fait que cette évidence se situait en dehors du statu quo sur leur A respectif.

Des études successives[9] montrent que, dans le cycle de vie de l'entreprise, il arrive un moment où elle doit renégocier sa courbe en S, générée par le développement de son A, pour créer une autre courbe en S, le B, qui sort du statu quo lié au A et qui se doit d'être défendable à long terme. Ces études précisent que nous devons le faire de manière proactive, au meilleur de la vitesse de notre développement sur le A. Or, à ce moment de la courbe, nous avons, à juste titre, une posture mercenaire au service de l'efficience au quotidien sur le A, et notre succès passé sur le A devient l'ego collectif de l'entreprise. Nous sommes envahis par la fameuse « aversion[10] à la perte » de notre A, qui nous empêche de créer librement le B, d'autant que le B comporte des risques bien plus élevés que le A à court terme. Pourtant, c'est le A qui est beaucoup plus risqué que le B à long terme. Nous verrons par la suite comment dépasser ce dilemme.

Notons que les classiques de l'innovation, à savoir les méthodes agiles, le *design thinking*, le *lean start-up* et même les hackathons et le *crowdsourcing* (désolé cher lecteur pour ces anglicismes), mériteraient franchement de se réinventer, car ils ne permettent pas de sortir du statu quo[11]. À la décharge de Toyota et de Volkswagen, c'est peut-être l'emploi de ces classiques qui les a empêchés de trouver un B. Bien entendu, ces classiques sont précieux une fois que l'on est sorti du statu quo et que l'on a trouvé un B : ils aident à faire en sorte que le B crée de la valeur au mieux.

Il ne tient qu'aux entreprises de sortir du statu quo du A pour se (re)comporter en nouvel entrant et trouver chemin faisant un B. En voici une illustration actuelle.

→ Aujourd'hui, on cherche à isoler de mieux en mieux le A, un logement de 120 m^2, en y rajoutant des épaisseurs d'isolation afin de créer un modèle A' plus efficient. En considérant les enjeux colossaux du chauffage et de la climatisation de tous nos chers habitants de la planète dans les années venir, nous pourrions détruire utilement (au sens destruction créatrice) la pensée suivante sur le A : quand on isole une maison de 120 m², on isole près de 350 m³, pour seulement quatre occupants qui ne représentent pas plus de 1 m³ à chauffer ou à refroidir. Un B consisterait à refroidir et à chauffer chaque résident avec des vêtements équipés d'un système de thermorégulation. En guise de signal faible de ce B, Sony a récemment dévoilé une forme de climatiseur portable qui se colle sur votre peau (Reon Pocket).

Si le A' est prétendu être 1,1 fois plus efficient en isolation thermique, cela mérite d'être relativisé, quand on sait à quel point la fabrication de la laine de verre est nuisible à plusieurs titres :

- sa fabrication nécessite l'emploi de fours à 1 050 °C, engendrant un fort impact en termes d'émission de gaz à effet de serre provenant de la combustion d'énergie fossile et du relâchement, à cette occasion, de CO_2 ;
- elle provoque l'émission conséquente de polluants chimiques, notamment de microparticules dues au liant (encollage) employé en sortie de four pour agréger les fibres entre elles ;
- l'empreinte carbone du recyclage est d'autant plus élevée, ne serait-ce qu'en considérant les contraintes de collecte d'un matériau particulièrement volumineux à transporter.

En prenant en compte les impacts négatifs de cycle de vie de cette solution dans les années à venir, cela aboutirait-il à une valeur globale en fait équivalente à 0,9 A ?

Par ailleurs, une étude récente[12] révèle que les bénéfices de la rénovation thermique s'estomperaient au bout de quelques années (quatre ans ?).

Le B évoqué plus haut est 350 fois plus sobre. Il est aussi nettement moins négatif en termes d'impact environnemental : il faut 220 m² de laine de verre pour isoler une maison de 120 m² (135 m² de laine de verre pour la couverture + 85 m² pour les façades). La solution B ne représente que 0,7 m² de surface d'isolation humaine à produire, soit moins de 3 m² à produire pour quatre personnes. Même si la solution B était plus polluante que la laine de verre par m² fabriqué, il n'empêche qu'on en emploierait 73 fois moins. Notons que des entreprises japonaises planchent sur cette solution B, et que ce genre de solution a déjà été déployé pour des usages professionnels ou militaires extrêmes. La démocratisation de cette solution la rendra potentiellement 350 fois plus efficiente et 73 fois moins impactante que le A'.

Cet exemple, qui bien sûr n'a qu'un rôle pédagogique dans le cadre de notre ouvrage, montre qu'adapter le A apporte une valeur additionnelle infime, voire négative, tout simplement pour les raisons suivantes :

- le A ayant déjà été largement amélioré dans le passé, nous atteignons une forme d'asymptote de ce que nous pouvons y apporter ;
- le A n'a en rien été conçu à partir des nouvelles discontinuités qui nous concernent ;
- ajouter des choses infimes au A conduit à exacerber le A de manière contre-productive.

C'est bel et bien en sortant du statu quo du A, et en jouant avec les discontinuités futures de notre environnement, que nous trouverons un B qui pourra potentiellement apporter « 10 fois mieux » que le A historique face à ces mêmes discontinuités.

D'où les nouvelles réponses à la question « Comment le collectif de notre entreprise peut-il sortir du statu quo du A ? », que nous allons voir ci-après.

De nouvelles réponses à ces pièges parfaitement humains

Effectivement, je vous rassure, ces pièges évoqués font partie de la nature humaine. Une étude récente du MIT[13] nous révèle ceci : notre cortex préfrontal est l'organe sublime dédié à l'analyse et à l'intuition au sein de notre cerveau. Pour ce faire, il a besoin de se concentrer, car notre cerveau est sans cesse abreuvé par de nombreux stimuli issus de nos cinq sens qui sont toujours en éveil. C'est la raison pour laquelle il demande à ses partenaires (les ganglions de la base et le noyau réticulaire thalamique) de procéder à des filtrages de tous ces stimuli. En guise d'illustration, quand on veut écouter quelqu'un qui nous parle dans un vacarme ambiant, notre cerveau sait filtrer à bon escient le bruit de ce vacarme, pour nous permettre d'entendre ce que nous dit cette personne. Ce que révèle cette étude, c'est qu'aucune partie du cerveau ne contrôle les additions de filtres ordonnées par le cortex préfrontal. Par conséquent, si nous laissons faire notre cerveau, il nous sclérose dans sa propre addition de filtres. En d'autres termes, nous ne voyons que ce que les filtres nous laissent voir.

Cette étude confirme de manière scientifique notre problématique à nous inhiber de la vision des choses, comme le soulignait déjà le philosophe Protagoras (Ve siècle avant J.-C.) : ce que l'homme appelle vérité, c'est toujours sa vérité, c'est-à-dire l'aspect sous lequel les choses lui apparaissent. Elle nous avertit que la seule solution pour purger le cerveau de ses filtres, c'est de le mettre en action dans des situations qui vont d'elles-mêmes révéler les mauvais filtres. En voici une expérience à la fois ridicule et utile, vécue par votre auteur : en m'apprêtant à monter sur un escalier mécanique en marche, je cherche à adapter ma vitesse d'approche à la sienne, quand je manque de me casser la figure… car il était arrêté : ce sont mes filtres qui m'ont fait voir un escalier en marche en trompant mon cerveau, avec des propos du genre : « Pas besoin de t'inquiéter à regarder s'il est en marche, puisque les expériences passées m'ont appris qu'à chaque fois les escalators sont en marche. » Seul un étonnement rigoureux de cette situation me permettra de purger ces mauvais filtres pour la suite. Nous verrons à ce propos la vertu d'engager des expérimentations « désapprenantes » pour purger nos mauvais filtres : il s'agit d'une expérimentation frugale, dont le but n'est pas de prouver je ne sais quoi, ni de trouver je ne sais quelle idée, mais de fabriquer des étonnements qui vont purger nos filtres. Revenons à l'illustration de votre auteur : s'il est capable de saisir cet étonnement « mince, j'ai failli me casser la figure en pensant que l'escalier était en marche », alors espérons que demain il saura voir la réalité telle qu'elle est.

On pense naturellement que l'intelligence collective peut pallier ce piège humain : en favorisant la diversité des observateurs, on a plus de chances que l'un d'eux nous alerte que l'escalier est bel et bien arrêté. Pourtant, des études montrent que l'intelligence collective comporte les limites suivantes qui, en fait, peuvent gravement amplifier ce piège[14] :

- première limite : tomber dans les biais du conformisme ;
- seconde limite : nous enfermer dans nos croyances collectives.

Par conséquent, si vous commencez votre réflexion stratégique par de la créativité, vous tomberez dans ces pièges qui vous donnent l'illusion d'un B qui est un véritable A'. Notons une étude toute récente qui nous alerte sur l'illusion des sessions de créativité[15] : nous sommes convaincus d'avoir trouvé des idées géniales qui nous éblouissent, alors qu'elles se situent dans notre faisceau de croyances. Elles sont en réalité faiblement innovantes.

Les réponses pour éviter ces pièges humains consistent à favoriser la dissidence collective par rapport au A avec une mise en garde : si vous voulez vous mettre en dissidence du A sans accepter de vous perdre, alors vous ne pourrez pas sortir du statu quo du A. Cela passe par une prise de temps d'errance par laquelle nous réalisons :

- **des expéditions désapprenantes** : il s'agit d'aller à la rencontre de « ce que nous ne savons pas que nous ne le savons pas » (Confucius), pour nourrir tous les étonnements associés. En favorisant ces expéditions chez chacun, votre curiosité collective va s'épanouir. Nous vous soumettrons plus loin (cf. chapitre 3) comment vous y prendre sur le cas d'usage réalisé avec des acteurs d'entreprise sociale pour l'habitat qui montre le fruit de ces expéditions.

  Méthodologie : il ne tient qu'à votre entreprise d'en faire de même, à savoir proposer une liste d'expéditions en proposant à chacun de se porter volontaire pour réaliser de lui-même une de ces expéditions et rapporter au collectif tous ses étonnements associés. Ainsi, à l'issue des travaux des uns et des autres, vous vous retrouvez tous pour partager vos étonnements, commencer à esquisser une vision des rotations de carafe et lister d'autres expéditions désapprenantes. Précisons que cette approche se distingue des *learning expéditions* à plusieurs titres : elle va bien au-delà des équipes de management ou de direction, elle implique chaque individu comme acteur de son propre parcours d'exploration ; chacun est garant envers le groupe de documenter rigoureusement tous ses étonnements rencontrés en cours de route ; à l'issue des expéditions individuelles, le groupe se réunit pour croiser les étonnements ; c'est un processus itératif ; une forte emphase est consacrée à bibler les étonnements pour compiler l'ensemble au fur et à mesure que de nouveaux étonnements arrivent ;
- **des expérimentations désapprenantes** : il s'agit d'expérimenter ce qui nous semble ridicule, impossible, indésirable, voire expérimenter le contraire de « on a toujours fait comme ça », en saisissant rigoureusement tous les étonnements associés entre ce que nous pensions obtenir, les attendus, et ce que ces expérimentations ont donné, la révélation d'inattendus.

Méthodologie : il ne tient qu'à vous, dans votre entreprise, de proposer à chacun de renseigner, dans une boîte partagée, ces indices de croyance qui surgissent chez chacun d'entre nous au fil de l'eau (par exemple, j'ai trouvé ridicule ce que disait untel, alors je le mets dans la boîte). Il s'agit ensuite d'accomplir des expérimentations désapprenantes sur tous les indices, en étant rigoureux lors de ces expérimentations sur la capture de tous leurs étonnements potentiels. Bien entendu, ces expérimentations ne sont que des « cradotests » (terme mnémotechnique que j'ai proposé il y a vingt ans) : elles se veulent simples, rapides, peu dispendieuses et peu rigoureuses, du moment qu'elles nous fabriquent des étonnements. Faites de nombreux CradoTest'Onnements ! À ce titre, votre entreprise peut encourager cette culture en apportant des moyens congrus associés. Par exemple, vous pouvez créer un mini-laboratoire dédié à ce genre d'expérimentations et accessible à chacun. Notons qu'à l'avenir nous disposerons de plus en plus d'outils permettant d'effectuer autant de simulations que nous voulons sur des modèles numériques.

→ BMW[16] est capable depuis peu de temps de simuler de manière totalement virtuelle plusieurs versions volontairement différentes d'usines fictives, censées fabriquer telle nouvelle automobile. Ainsi, le collectif peut découvrir ce que révèlent ces usines jumelles en termes de niveau de productivité, de qualité du produit, de conditions de travail. Il peut aussi découvrir en quoi ces usines sauront plus ou moins s'adapter aux évolutions et aux aléas potentiels pendant leur parcours de vie. Imaginons que BMW subisse telle variation de volume de fabrication, qu'elle change l'organisation des équipes, qu'elle veuille rajouter de nouvelles options au véhicule, qu'elle doive décliner une nouvelle variante, un nouveau modèle… Qu'est-ce que cela donnera sur telle ou telle usine virtuelle ? L'objet de cette démarche est bel et bien de produire des étonnements utiles. Son coût est symbolique, alors qu'elle permet de faire un investissement encore plus pertinent et bénéfique pendant tout le cycle d'usage de cet investissement.

→ Netri, une start-up lyonnaise, développe des « organes humains sur puce électronique », qui reproduisent la fonctionnalité d'un organe humain. Grâce à ces puces produites en grand nombre, les laboratoires de recherche pharmaceutiques vont pouvoir multiplier des modèles humains *in vitro*, tant en nombre qu'en diversité. C'est bien l'expérimentation de ces modèles qui instruit la « machine à étonnement » et, dès lors, permet de révéler de nouvelles thérapies, de raccourcir le temps des recherches précliniques et de remplacer les essais cliniques.

Notons que ces nouvelles facilités seront, elles aussi, extrêmement précieuses pour l'entreprise, notamment concernant chacun de ses investissements à long terme.

Il s'agit ensuite de compiler de manière itérative tous les étonnements issus de ces deux pratiques. C'est ce qui permet de devenir visionnaire en dehors de la carafe. Bien entendu, la créativité ne vient qu'ensuite, mais elle est indispensable.

CHAPITRE 2

COMMENT REVISITER NOS APPROCHES DE CONSTRUCTION DE VALEUR À LONG TERME ?

Premier enjeu du projet d'entreprise : amplifier l'engagement humain plutôt que de l'entraver

En tant que lecteur de cet ouvrage, vous savez à quel point c'est l'engagement collectif qui crée les accomplissements de votre entreprise, sa réussite et son développement dans la durée. Il est donc important, à ce stade, de partager avec vous en quoi la façon d'appréhender les discontinuités peut engager le collectif… ou au contraire le désengager.

Les entreprises étant confrontées à de plus en plus de mutations, il est courant d'entendre les injonctions « il faut qu'on innove » ou « nous devons nous réinventer », qui peuvent engendrer des perceptions anxiogènes vis-à-vis du collectif. En forçant le trait, certains peuvent l'assimiler à « sinon nous allons mourir » ou encore « parce qu'on est mauvais pour innover ». Ne serait-il pas préférable de dire et d'agir à partir de « nous avons envie de » ? L'observation montre que la réinvention et l'innovation ne sont pas une fin en soi, mais la résultante d'un parcours. C'est bien cette envie qui conduira à cette résultante pendant le parcours.

Par ailleurs, comme nous l'avons vu précédemment, les entreprises ont tendance à vouloir adapter leur A en « A' innovant » pour faire face aux mutations, comme cela a pu marcher par le passé quand les mutations étaient moins intenses qu'aujourd'hui. Cela engendre deux spirales négatives quant à l'engagement collectif :

- se contenter de réagir aux effets successifs des discontinuités ne permet pas de surfer sur leur cause et revient à les subir. Par voie de conséquence, l'entreprise additionne les réactions pour adapter le A. Or, ces réactions successives additionnées les unes aux autres ne font qu'exacerber la complexité interne de l'entreprise : ne faire qu'additionner des choses conduit à la complexité² (complexité au carré)... Il faut aussi soustraire ! L'engagement collectif s'érode ainsi lentement mais sûrement, comme un soufflé au fromage, et le A' empêche l'entreprise de créer le B ;
- faire du A' ne conduirait-il pas à une forme de peur du futur qui, elle, est négative pour l'engagement des hommes ? En effet, notre énergie sera plutôt consacrée à nous rassurer sur notre existant par rapport au court terme. D'un côté, « faire face à » des discontinuités de notre environnement engendre une énergie négative à terme, de l'autre côté « surfer avec » ces discontinuités engendre une énergie positive et créatrice.

Pourtant, les discontinuités sont bien présentes. Si leur impact est faible et semble évolutif à court terme, il sera disruptif à long terme, voire brutal et mortifère.

Deuxième enjeu du projet d'entreprise : errer au plus tôt pour sauter suffisamment tôt de la casserole

Le propos précédent nous expose au syndrome de la fable de la grenouille, révélé par un anthropologue, Gregory Bateson, et confirmé depuis de manière scientifique. Si vous plongez une grenouille dans une casserole d'eau froide en allumant le réchaud de la casserole à feu doux, la grenouille va trouver la température agréable et va s'adapter à sa lente augmentation. Toutefois, quand la température de l'eau se rapproche de celle de l'ébullition, la grenouille est engourdie et meurt subitement. Prenez une autre grenouille et plongez-la dans de l'eau à température d'ébullition : elle va tout de suite sauter de la casserole pour s'extraire de cette température mortifère.

Une étude réalisée par deux chercheurs danois[17] confirme la réalité de cette fable pour nos chères entreprises dans leur processus de décision, comme l'explique la courbe de la figure 4.

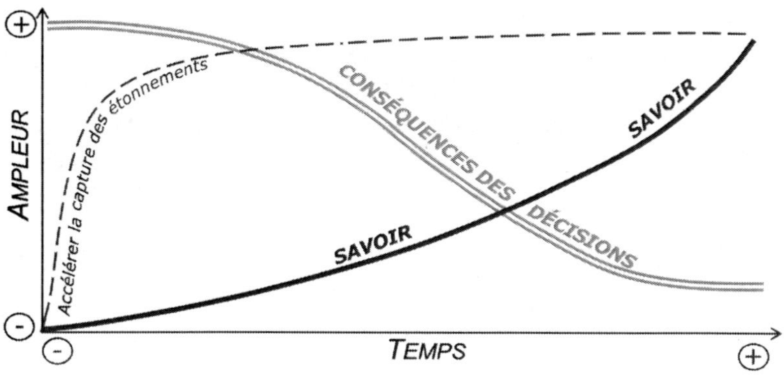

Figure 4. Conséquences de nos décisions stratégiques[18]

Quand nous sommes dans un environnement qui bouge de manière incertaine et imparfaite, il nous paraît difficile, voire impossible, de prendre des décisions en début de cycle, car notre savoir sur « ce qui se passe » est très limité. Cela nous incite naturellement à attendre d'avoir la pleine maîtrise du savoir, sur la droite de la courbe, pour décider. Or, ce que démontrent ces chercheurs, c'est que l'impact des conséquences de nos décisions est beaucoup plus fort en début de cycle qu'en fin de cycle, d'où le paradoxe stratégique suivant :

en voulant décider en connaissance de cause, alors notre décision aura peu de conséquences sur notre avenir et donc sur notre stratégie future. Il faut donc décider en début de cycle, car c'est là que nos décisions auront le plus de conséquences, et tout particulièrement au niveau de l'engagement de nos hommes. Cela confirme nos propos précédents sur la nécessité de se doter d'une stratégie de plus en plus façonneuse : prendre des décisions à fortes conséquences qui vont malléer le futur. À défaut, comme le démontrent ces chercheurs, ne pas décider pendant les phases initiales provoque, d'une part, un désengagement-défiance de notre collectif et, d'autre part, un retard stratégique (cf. exemples évoqués précédemment).

Je vous propose un antidote additionnel à celui proposé par ces travaux, à travers la troisième courbe reconnaissable par un trait fin pointillé (cf. figure 4) : en début de cycle, il ne tient qu'à votre entreprise d'accélérer la capture de tous les étonnements possibles (cf. les outils précédemment évoqués dans ce sens : itérer des expéditions et des expérimentations désapprenantes).

Commencez tout simplement par errer en dehors
de la casserole et donc en dissidence de votre A :
c'est ce qui vous donnera envie de sauter
de la casserole avec une nouvelle création de valeur B
qui va se révéler à vous chemin faisant.

Prendre ce temps d'errance et de curiosité collectives permettra de sauter de la casserole de manière anticipée à un saut définitif ultime, qui sera fait en temps et en heure, et qui sera pertinent pour l'entreprise. Des études[19] montrent que ces actes d'errance et de curiosité vont bel et bien doper l'engagement du collectif.

Notons à quel point la durée du cycle des mutations est longue, contrairement aux idées reçues, et donc à quel point le feu est très doux pour les entreprises qui se complaisent à rester dans la casserole.

→ Il a fallu vingt ans pour que les grandes surfaces souffrent du e-commerce : le e-commerce arrive en France en 1999, et c'est en 2019 que Carrefour supprime 250 magasins.

→ Tesla a mis près de vingt ans pour s'imposer comme un constructeur majeur (création en 2003).

→ Comme ChatGPT s'est développé de manière fulgurante, on pense que sa réalisation a été fulgurante, ce qui est inexact, ChatGPT a huit ans aujourd'hui.

Ne pas prendre ce temps d'errance sera leur plus gros piège pour certains. Pour d'autres, prendre ce temps sera leur plus grosse opportunité pour engager leur collectif dans une nouvelle création de valeur à fort impact. Notons les éclairages apportés par deux autres études :

- la première, consacrée aux entreprises établies[20] qui ont su faire face aux mutations lentes mais disruptives, démontre que nous devons persuader notre entreprise qu'elle doit changer avant qu'il ne soit trop tard ! Nous verrons en troisième partie quel parcours emprunter pour non seulement convaincre notre entreprise qu'il faut changer, notamment auprès des actionnaires, mais aussi engager le collectif sur le B ;
- la seconde[21] montre que, dans ce genre de situation, une partie des outils financiers devient la force obscure qui va nous empêcher de sauter de la casserole et va tuer toutes nos innovations associées.

Comment construire le futur malgré tous les aléas réglementaires et les successions de politiques publiques ?

Malgré la vertu démontrée de construire le futur, avant que l'eau de la casserole monte en température, vous pouvez vous interroger sur quelle est votre marge de manœuvre, voire si vous avez réellement une marge de manœuvre, quand on sait que l'entreprise doit sans cesse s'adapter aux nouvelles dispositions gouvernementales, réglementaires, ou émanant des instances économiques. Celles-ci peuvent se succéder, voire s'additionner, avec parfois de nombreuses tergiversations qui multiplient les incohérences. Pour autant, l'entreprise doit rendre des comptes de manière exhaustive sur les dispositions à l'instant t.

Voici quelques réponses clés par rapport à ces contraintes qu'attend chacun demain, sachant que l'histoire des entreprises a montré qu'elles ont su construire des choses dans le futur malgré ces contraintes, ce qui est tout à leur honneur.

Des instances gouvernementales elles aussi concernées par ces mutations

Par conséquent, même si, pendant le parcours, elles peuvent « passer du coq à l'âne » à l'instant t, de manière potentiellement incohérente pour les entreprises, il n'empêche que, dans un cycle long, elles vont forcément s'inscrire dans une cohérence. En effet, par essence, nos instances démocratiques doivent donner des réponses aux nouveaux enjeux sociétaux qui sont posés à long terme. Il est donc intéressant, pour chacune des entreprises, de se projeter sur ces enjeux à long terme, afin de construire pendant le parcours de nouvelles réponses à ces enjeux et d'en faire un véritable avantage concurrentiel.

→ Une entreprise qui fait de l'encre fiduciaire[22], source de pollution majeure de notre planète, s'est attachée à définir ce que serait la « sévérisation environnementale » dans vingt ans par rapport à l'existant. Ensuite, elle s'est mise en errance utile, pour s'ouvrir à toutes les réponses répondant à cette sévérisation. Une fois les opportunités de réponses potentielles esquissées, elle s'est alors fixé un défi d'amélioration environnementale majeure à plus dix ans, quelles que soient les sévérisations qui tomberaient sur cette période. L'histoire a montré que cette stratégie a engendré une légère perte de compétitivité à court terme, pour ensuite lui apporter un avantage concurrentiel croissant face à ses concurrents qui ont dû réagir au coup par coup à chaque nouvelle sévérisation. La succession des sévérisations n'étant pas forcément cohérente, ses concurrents ont été amenés à investir dans des surcouches incohérentes et coûteuses.

Toute entreprise étant confrontée à des investissements à long terme, ceux-ci vont naturellement être sujets à de nouvelles sévérisations réglementaires. Vous auriez tout à gagner à préprogrammer le spectre de ce que seront les sévérisations réglementaires à long terme, pour les intégrer dès la conception de vos futurs projets : ce sera une source d'avantage concurrentiel supplémentaire. Même si cela peut engendrer des surcoûts au départ, les gains vont se multiplier au fur et à mesure des sévérisations pendant la durée de vie de programme d'investissement.

Des instances souvent en retard sur les enjeux sociétaux

Les instances sont souvent suiveuses par rapport aux enjeux sociétaux. Par conséquent, ce sont les auteurs de B utiles pour le futur qui inspirent les nouvelles dispositions de nos chers services publics.

→ Doctolib a apporté, à sa manière, un véritable B à nos instances nationales et régionales sur la santé. Il en est de même plus récemment avec CovidTracker, VaccinTracker et ViteMaDose qui ont été créées toutes les trois par un individu, Guillaume Rozier, qui tient à rappeler qu'il n'est « ni médecin, ni modélisateur, ni professeur de santé publique ». Ces instances ont été ravies de bénéficier des attraits de ces acteurs autrement plus entrepreneuriaux, légers et créateurs de valeur qu'elles. Ces mêmes instances ont fini par en faire la promotion pour servir encore mieux leur cause sanitaire et sociale.

Les potentialités de monter un projet d'impact collectif B à vingt ans, *in fine* rallié par les instances collectives

La démarche d'impact collectif est née du constat suivant : nos instances publiques n'ont sans doute pas véritablement la capacité à réaliser des projets environnementaux et sociétaux ambitieux à long terme. Elle se définit[23] donc comme l'engagement d'un groupe d'acteurs de différents secteurs pour résoudre un problème social clé, en se fixant un défi majeur à long terme, à vingt ans, et en apportant la complétude des compétences requises (expertises, gestion de projet, etc.). Peuvent y figurer des institutions, des États ou des collectivités territoriales, mais chacun progresse en équité avec les autres, en apprenant avec les autres et en s'intégrant à leurs actions. Cette approche se situe à l'opposé de « l'impact isolé », où les organisations travaillent principalement seules pour résoudre des problèmes sociaux : elle cherche à développer au mieux des coalitions intersectorielles et institutionnelles, pour faire des progrès significatifs et durables sur les questions sociales. C'est alors que différentes initiatives parallèles vont naître ici ou là, provenant des différents acteurs, et s'additionner pour atteindre l'objectif.

On pense naturellement que, quand on associe notre force à celle des autres, cela donne à l'ensemble une force autrement plus importante que la force individuelle. Ce n'est toutefois pas exact si les forces ne vont pas dans le même sens. Dans cette démarche, non seulement les forces doivent aller dans le même sens, mais elles doivent aussi se combiner au mieux par rapport à l'impact visé. Ainsi, on obtient un impact qui est bien supérieur à la somme des impacts individuels. D'où le Graal proposé à travers la formule ci-après.

Aboutir à un impact collectif
bien supérieur à la somme des impacts individuels,
en combinant au mieux des forces complémentaires
par rapport à cet impact collectif:
$1 + 1 + 1 = 3^2$

Voici quelques illustrations d'impacts collectifs et de forces combinés.

→ Le collectif West Side United (WSU) a été constitué en 2017 pour créer l'impact suivant: mettre fin aux disparités raciales en matière d'espérance de vie dans la partie ouest de Chicago. Six grands systèmes hospitaliers font partie de ce collectif ainsi que de nombreuses organisations communautaires et institutions financières. De plus en plus d'organisations se sont jointes à eux depuis, permettant aux membres d'avoir une meilleure combinaison de moyens pour mener à bien la mission. Les hôpitaux, par exemple, ont modifié leurs pratiques internes et leurs protocoles d'achat, et ont ouvert de nouvelles filières d'emploi. Lorsque la pandémie a frappé, la mairesse de Chicago, Lori Lightfoot, a demandé au WSU d'élargir sa portée, à travers un programme encore plus ambitieux portant sur toute la ville: Racial Equity Rapid Response (RERR). En quelques mois, le RERR a distribué à la communauté plus de 60 000 masques chirurgicaux, 200 000 unités de désinfectant pour les mains et 750 000 masques en tissu. Il a également soutenu des centres alimentaires dans des zones défavorisées et fourni des ressources pour maintenir à flot les entreprises locales.

→ Des initiatives d'impact collectif à long terme ont été accomplies dans la production de cacao ou de café en Afrique, pour laquelle des gouvernements de différents pays africains se sont ralliés en tant que parties prenantes.

La réussite des initiatives d'impact collectif à long terme, comme celles ci-dessus, démontre que ce sont nos chères entreprises qui sont particulièrement bien adaptées pour relever des défis systémiques, en lien avec les instances politiques, à travers une dynamique de valeur partagée entre les différentes parties prenantes. Il ne tient qu'à notre entreprise de porter un défi collectif avec d'autres parties prenantes à l'échelle locale, régionale ou nationale, voire aussi avec plusieurs autres entreprises, pour en démultiplier d'autant mieux l'impact. En voici un autre exemple récent.

→ La Covid-19 Healthcare Coalition (C19HCC) rassemble depuis 2020 des dirigeants de 18 organisations diverses privées pour organiser une réponse pandémique contribuant aux efforts des gouvernements nationaux et étatiques. Chacun a apporté ses propres contacts pour créer une coalition de plus de 1 000 organisations dans 16 groupes de travail.

Comment décider suffisamment tôt d'un pivot stratégique malgré les risques inhérents ?

Malgré la vertu démontrée de la prise de temps d'errance en dehors de la casserole pour sauter à temps et, dès lors, engager votre collectif à bon escient vers un B, vous vous interrogez encore sur comment faire pour décider si tôt dans le cycle avec autant d'incertitudes, quand on sait à quel point l'entreprise doit faire preuve de gestion responsable en bon père de famille ?

Voici plusieurs éléments de réponse qui sont autant de bonnes nouvelles pour votre entreprise.

Un psychosociologue du Wharton Institute, Adam Grant, a réalisé une large investigation auprès des créateurs de nouvelles valeurs qui révèlent que ces derniers sont avant tout animés par quelque chose d'important à apporter demain.

→ Elon Musk en témoigne : « Je ne m'attendais pas au succès de Tesla, j'étais certain que les premiers lancements de SpaceX n'orbiteraient pas, et encore moins que les lanceurs reviendraient pour être réutilisables, mais c'était trop important pour ne pas essayer. »

Ce que démontre A. Grant à travers son ouvrage[24] émaillé d'études, c'est que les créateurs de nouvelles valeurs sont animés par la peur de ne pas essayer, compte tenu de ce qui leur tient à cœur d'apporter demain, alors que les gestionnaires et les développeurs de l'existant sont ceux qui sont animés par la peur d'échouer ou, dit autrement, la peur de perdre ce qu'ils ont déjà.

Réponse 1 : se redonner une posture missionnaire

Il ne tient qu'à l'entreprise de reprendre collectivement une posture missionnaire pour porter quelque chose d'important à apporter demain et effacer de la sorte les éventuels tropismes mercenaires persistants du genre « protéger et valoriser l'existant ». Un capital investisseur reconnu au niveau international, J. Doerr, abonde dans ce sens : selon lui, les missionnaires s'enrichissent dix fois mieux que les mercenaires, car ce n'est pas leur cause, c'est la résultante[25].

Bien entendu, et c'est une nuance importante, il s'agit de décider d'une nouvelle valeur importante et non pas d'une solution importante pour demain, car rien ne dit que cette solution sera pertinente à long terme, ne serait-ce que sur le plan économique : combien de start-up ont échoué à cause d'une solution qui s'est révélée non pertinente… a posteriori ?

Réponse 2 : fixer un rêve collectif de nouvelle valeur décisive B à dix ans, et non pas un rêve de solution

Un rêve de nouvelle valeur, contrairement à un rêve de solution, est forcément pertinent, bien entendu, charge à nous de trouver les solutions *ad hoc* pendant le parcours. Rappelons à ce titre que toute entreprise bien constituée dans le futur sera celle qui aura su apporter une nouvelle valeur à long terme sur quatre dimensions symbiotiques :

- nouvelle valeur apportée à l'écosystème des acteurs clients ;
- nouvelle valeur sociétale[26] ;
- nouvelle valeur apportée aux salariés ;
- nouvelle valeur économique.

Ce rêve est incarné par un défi d'accomplissement à dix ans sur ces quatre valeurs. En effet, si nos entreprises sont habituées à employer un plan stratégique à trois ans, c'est trop court pour construire le futur qu'appellent des mutations dont le cycle peut durer vingt ans (cf. les exemples cités précédemment, Dassault Systèmes, Tesla, le e-commerce, et l'exemple d'Apple à venir).

Précisons qu'un bon défi de nouvelle valeur sur dix ans, quelque part, doit viser à apporter une valeur « 10X », c'est-à-dire dix fois meilleure que celle qui existe aujourd'hui (cf. propos précédents : en faisant du A', on apporte une valeur 10 % meilleure). Notons divers ouvrages[27] qui montrent que se mettre en obsession d'apporter 10 fois mieux, c'est ce qui nous pousse à remettre en cause le statu quo, à surmonter les obstacles que nous nous imposons nous-mêmes, et à avoir beaucoup moins d'objectifs, mais ayant un impact plus fort à long terme.

Cette approche B 10X en nouvelle valeur environnementale et sociétale implique d'avoir le courage de prendre les risques associés et de faillir pendant le parcours, avec la patience pour rebondir sur les échecs et progresser vers le 10X. Il en résulte un meilleur engagement collectif. Notons à ce titre l'étymologie de « courage », les « passions que l'on rapporte au cœur », qui suggère que c'est la passion collective pour cette nouvelle valeur qui nous engage. L'observation montre que, quand on veut apporter une valeur 10X, cela nous oblige à quitter le A pour mieux surfer avec les discontinuités.

Rappelons encore qu'en thermorégulant les quatre occupants d'une habitation de 120 m^2, on a des chances d'aboutir à du 350X (isoler et chauffer 1 m^3 plutôt que 350 m^3).

Notre rêve de nouvelle valeur incarne ainsi le cône stratégique à dix ans pour notre entreprise, qui reste ouvert quant aux solutions les plus pertinentes à telle ou telle phase du parcours, sous forme de construction de cette nouvelle valeur dans la durée.

Pour trouver son rêve à dix ans, rien de tel pour l'entreprise que de revenir en première instance à la question suivante : quelle est notre « énergie à apporter quoi » à travers l'entreprise depuis qu'elle existe et qui a prévalu à toutes les époques de son parcours ? Vous penserez peut-être que cela ressemble à la raison d'être, et vous avez tout à fait raison, si votre raison d'être exprime réellement la réponse à cette question et incarne ainsi la cause missionnaire authentique de l'entreprise (le pourquoi de ce que vous voulez être et non pas ce que vous voulez être). La réponse à cette question vous aidera à double titre :

– notre « énergie à apporter quoi » va servir de halo vers lequel tout notre collectif va naturellement errer pour trouver de nouveaux possibles. Comme disait Mozart, composer me fatigue moins que de me reposer, cette énergie d'errance sera plus forte que la fatigue au niveau de notre collectif et sera sa source d'engagement passionnel.

→ Une entreprise qui fait des extraits de levure retrouve le sens de son « énergie à apporter quoi » comme étant ceci : « Ce qui nous attire à apporter de manière infatigable depuis plus d'un siècle, c'est de prendre des ingrédients naturels et de trouver des procédés industriels qui vont transcender leurs capacités. » Elle a tout intérêt à cultiver cette flamme humaine en favorisant de nouvelles errances vers d'autres ingrédients naturels, d'autres procédés industriels. Ainsi, chemin faisant, elle découvrira de nouvelles « valeurs apportables » à partir d'ingrédients naturels en ouvrant peut-être de la sorte de nouveaux débouchés (isolant thermique naturel, emballages naturels, etc.) ;

– notre « énergie à apporter quoi » va servir de référentiel pour choisir quelle nouvelle valeur B notre entreprise veut apporter demain. Le B le plus pertinent est celui qui nous permet d'amplifier et de servir encore plus intensément notre cause missionnaire (énergie à apporter quoi) en jouant au mieux avec les discontinuités de notre environnement.

Précisons, à toutes fins utiles, que la raison d'être ne doit pas exprimer le marché dans lequel nous sommes : la raison d'être, c'est « ce qui fait » que nous sommes dans tel marché à tel moment du parcours de vie de l'entreprise, et que nous le quitterons le jour où il ne sera plus en phase avec notre raison d'être. À ce titre, nous verrons dans le chapitre 6 qu'une telle raison d'être sert de halo, qui va forger toute une série de diversifications B pour notre entreprise pendant son parcours de vie : toutes ces diversifications vont ainsi permettre d'amplifier encore plus notre raison d'être.

Réponse 3 : zigzaguer de manière réversible entre plusieurs solutions différentes tout au long du parcours

Plusieurs études récentes[28] mettent en évidence que les créateurs de nouvelle valeur sont ceux qui passent par une approche stratégique très spéciale : ils procèdent sous forme de zigzags entre différentes solutions parallèles et potentiellement concurrentes entre elles, tout au long du cycle, un peu à l'image de ce que fait un jeune enfant quand on lui donne un exercice. Il en commence un, puis se lève, va voir les exercices faits par les autres, puis revient en faire un deuxième, et ainsi de suite. Bien entendu, pour notre entreprise, il s'agit à la fin de rendre un devoir effectif.

Zigzaguer entre différentes solutions tout au long de notre parcours pendant les dix années à venir permettra d'aviser de celle qui est la plus pertinente et viable à chaque phase du parcours et ainsi de construire notre rêve de nouvelle valeur à dix ans, avec une agilité quant aux solutions pendant le parcours. Notons à ce propos une étude[29] qui montre que faire des choix de solutions parallèles et réversibles est la clé pour réussir dans un environnement turbulent.

Réponse 4 : rétrograder le B à court terme avec un premier petit B à succès

Comme le futur évolue en discontinuité, rappelons le biais de vouloir adapter l'existant : travailler à l'endroit par rapport au passé et à l'envers par rapport au futur. D'un autre côté, si l'on veut travailler avec un B qui est à l'endroit par rapport au futur, alors on pense à juste titre que ce B ne sera pas viable à court terme. Or, rien n'empêche de rétrograder le B par un premier petit B qui est viable à court terme. Par la suite, il nous suffit de mettre à niveau chaque petit B vers un B plus grand, pour faire arriver au B à long terme.

→ Franky Zapata est un autodidacte qui a pu voler au-dessus de la manche en 2019, grâce à une planche turbo-propulsée qu'il a mise au point et qui s'est révélée être un véritable B, notamment pour des interventions potentielles des forces armées: le Flyboard Air. Or, la clé de ce B résulte d'un rétrogradage, une forme de premier «petit B», que cet inventeur avait lancé sept ans plus tôt: le Flyboard, qui consiste à employer le jet d'eau que dégage la turbine d'un scooter de mer sous une planche pour permettre à un baigneur de voler hydrauliquement au-dessus de l'eau. Ainsi, un nouveau loisir est né, loisir par lequel on joue à sauter au-dessus de l'eau puis à plonger dans l'eau en faisant des figures incroyables et sans danger. C'est aussi devenu une compétition sportive et artistique. C'est bien ce premier Flyboard (à eau) qui a été une première étape décisive à l'ultime Flyboard Air.

→ Les drones militaires sont devenus un véritable B qui permet notamment, quand ils sont en meute, d'apporter bien d'autres avantages que les avions de chasse historiques. Là encore, ce B obtenu à long terme résulte d'un rétrogradage qui a été décisif: les premiers drones ont été employés pour des usages dans le modélisme.

À ce titre, revenons au B évoqué précédemment qui consiste à habiller quatre occupants d'un système thermo-régulé permettant d'éviter de chauffer les 350 m^3 de leur logement qui fait 120m^2: à l'évidence, cette solution n'est pas attendue par le marché avant longtemps. Amusons-nous à rétrograder ce B en commençant par adresser des métiers ou des usages pour lesquels il y a de forts enjeux pour travailler en tout confort thermique. Des solutions existent déjà pour les plongeurs professionnels en intervention profonde, un premier petit B consisterait peut-être à équiper des skippers qui vont faire le tour du monde sans escale lors du Vendée Globe.

Il ne tient qu'à votre entreprise d'appliquer au mieux ce que porte la célèbre chanson des trois petits chats pour déployer son B ultime à dix ans à long terme : commençons le futur B ultime à dix ans par un tout petit B1 immédiat (chapeau de paille), puis un B2 un peu plus grand (paillasson), et ainsi de suite... jusqu'au grand B ultime (feu follet...). Il s'agit en quelque sorte de créer une forme d'effet domino, où chaque domino enclenche un domino plus grand et ainsi de suite jusqu'à l'accomplissement à long terme du B ultime : le premier B est un « dégradage » significatif du B permettant, dès le court terme, de trouver un marché qui l'attend. Il s'agit d'un micromarché qui se situe souvent en dehors du marché que le B adressera à long terme. Ainsi en réussissant le premier B, puis le B2, etc., vous allez forger une confiance et un engagement collectifs croissants en faveur de la réussite des étapes suivantes de votre B.

→ Apple a voulu lancer dès le départ son B en big bang à travers le Newton en 1993 : le rêve initial consistait à prodiguer un appareil numérique de la taille d'un bloc-notes, léger, autonome et muni d'un écran tactile. Or, ce lancement fut un échec, car ce produit était trop en avance par rapport aux technologies de l'époque, notamment pour pouvoir combiner la forte consommation d'un écran tactile de la taille d'un bloc-notes avec les capacités d'autonomie et des batteries de l'époque. Fort de l'échec de ce B en big bang, Apple a alors lancé en 2001 un tout petit premier B1 (chapeau de paille), en l'occurrence l'iPod, dont la seule fonction (écouter de la musique) et le tout petit écran tactile étaient largement faisables avec les technologies de l'époque. C'est ensuite qu'est arrivé en 2007 l'iPhone, un B2 (paillasson) un peu plus grand que le B1, qui a permis d'aboutir au B ultime, l'iPad, en 2010. La construction du B d'Apple a donc pris près de dix ans, si l'on intègre les temps amont de gestation de l'iPod. Dans une conférence[30], Steve Jobs avouera plus tard que, suite au succès de l'iPod, Apple voulait en fait lancer l'iPad. Or, un cradotest avec une taille d'écran intermédiaire entre l'iPod et l'iPad a permis de s'étonner à quel point un clavier intégré à un écran tactile serait encore plus précieux en situation de mobilité, d'où un zigzag engagé vers l'iPhone qui a permis de différer utilement le lancement de l'iPad. Cet aveu confirme la vertu des zigzags tout au long du parcours (développée précédemment dans la réponse 3).

Cette illustration confirme la nécessité de dix bonnes années pour accomplir un B. L'histoire a d'ailleurs montré que c'est plutôt l'iPhone qui a été décisif.

Les B qui réussissent sont ceux qui ont su régresser à court terme ce qu'ils pouvaient apporter à long terme, en adressant en premier un microbusiness différent et bien plus ciblé que le business du long terme.

Pour ceux qui douteraient encore de cette quatrième réponse, elle correspond à la révélation apportée par « l'inventeur de la disruption », C. Christensen, à travers son étude[31] devenue majeure depuis. Son travail de recherche depuis plus de 70 ans montre que toute disruption B a en fait démarré de manière régressive sur un autre marché que celui du A historique : ce premier B est moins performant que le A historique, mais il apporte une autre valeur ajoutée. Il va donc intéresser d'autres acteurs que ceux du A historique : les clients qui seront sensibles à la nouvelle valeur ajoutée par rapport au A et qui seront insensibles à une performance moins bonne que les solutions du A historique. C'est seulement par la suite, chemin faisant, que le B apportera des performances supérieures à celles des acteurs historiques du A et ainsi sera adopté par tous les clients du A historique.

Ce constat soulève un terrible dilemme pour les acteurs historiques du A que sont nos entreprises : nous faire doubler par des acteurs venus de nulle part, ayant commencé ailleurs que chez nous avec une offre nettement moins performante que les nôtres, et qui ensuite conquièrent tous nos clients historiques A, grâce à une offre qui est devenue entre-temps nettement plus performante que les nôtres.

Réponse 5: développer notre connaissance des probabilités d'échec

Bien entendu, malgré les vertus du rétrogradage, le B nous expose successivement à des risques inévitables, ne serait-ce que pour porter une nouvelle valeur qui n'est pas forcément attendue par le marché, contrairement au A'. Un ouvrage récent[32] démontre que les surpassements humains sont accomplis quand on se fixe un défi avec la pleine conscience de ses probabilités d'échec, car cela engage d'autant mieux à le surmonter. En nous référant au graphique sur les conséquences de nos décisions stratégiques (cf. figure 4), comme il s'agit de décider au plus tôt, il faut donc accélérer la courbe de la connaissance de probabilités d'échec. Cela permet de nous engager d'autant mieux pour réussir notre B.

Dans ce sens, rien de tel que de faire une projection pré-*mortem* du B. Si l'analyse post-*mortem* consiste à faire l'autopsie d'un échec, le pré-*mortem* part du principe suivant: nous sommes situés avant le lancement du projet et nous postulons que le projet a échoué en post-lancement. Quelles sont les raisons les plus plausibles de son échec? Il est précieux de faire réagir un collectif suffisamment diversifié à cette question, en demandant à chacun de donner ses réponses sans filtre par écrit. S'ensuit alors la capture rigoureuse de toutes les raisons d'échec en les caractérisant en termes de probabilités et d'impact. Au final, il s'agit de plancher en mode zigzags sur quelles solutions adopter pour éviter telle raison d'échec et, le cas échéant, pour l'anticiper et y parer. Une étude[33] réalisée en 2012 auprès de 6 000 start-up confirme à ce titre que la clé du succès, c'est l'évitement et l'anticipation de l'échec.

Cette approche diffère de l'analyse des risques dans la mesure où :

- elle implique les acteurs du projet à partir de scénarios « *mortem* » qui poussent à élargir la vision des risques apparents ;
- elle sensibilise chacun à détecter les premiers signes de problème une fois le premier petit B lancé. Elle valorise les acteurs et les mobilise pendant le parcours vers le B à détecter les premiers signes de problème pour y parer au mieux au plus tôt.

Souvenons-nous qu'un homme averti en vaut deux !

→ Quand Jeff Bezos s'apprêtait à créer Amazon, ses parents avaient spontanément proposé de le soutenir en investissant dans son entreprise. Jeff Bezos a préféré décliner leur proposition généreuse en expliquant que, selon lui, Amazon avait 70 % de probabilité d'échec et qu'il préférait rester seul pour assumer encore mieux ces 70 %.

Si cela peut refroidir ceux qui, au sein de leur entreprise, auraient un penchant pour prendre le moins de risques possible, il serait utile de leur rappeler ceci : certes, faire du A' est peu dangereux à court terme, mais c'est très dangereux à long terme.

D'où l'intérêt d'un B dont on a pleine conscience des probabilités d'échec. Précisions que les probabilités d'échec du A sont aussi importantes, mais à long terme. Les probabilités d'échec du B vont nous aiguiller sur le premier petit B le plus pertinent par lequel nous allons commencer (cf. Réponse 4).

EN CONCLUSION DE LA PARTIE 1

Nous sommes confrontés à un environnement qui mute en discontinuités multiples par rapport au passé :

- notre planète souffre encore et encore, nous obligeant peut-être à raisonner non plus en croissance en volume mais en valeur, notamment environnementale et sociétale ;
- la digitalisation ouvre de nouveaux possibles, tout en posant de réels enjeux sociétaux ;
- le rôle de l'entreprise dans la société et la relation de l'employé au travail évoluent.

On peut penser, à première vue, que cela oblige l'entreprise à réagir pour faire face à ces discontinuités. Or, ce qui est intéressant, c'est que l'environnement est certes de plus en plus imprévisible, mais aussi de plus en plus malléable, d'où la bonne nouvelle pour l'entreprise : l'avenir nous appartient, pour peu que nous sachions malléer de nouvelles valeurs dans le futur.

Malgré ces opportunités sous-jacentes, nous sommes tous concernés par nos filtres de pensée qui nous figent dans le statu quo, tant au niveau individuel que collectif. Nonobstant nos efforts de créativité, si nous ne sortons pas collectivement du statu quo, nous aurons l'illusion d'avoir trouvé une nouvelle création de valeur, tandis qu'en réalité nous n'aurons trouvé qu'une évolution de notre création de valeur historique. Or, comme notre futur évolue en discontinuité du passé et que notre existant n'a pas été conçu pour ce futur, adapter notre existant au futur revient à travailler à l'envers[34] par rapport au futur. En d'autres termes, à vouloir sauver Willy, nous construisons les conditions de notre échec à long terme : résoudre les problèmes de demain avec les solutions actuelles (faire évoluer notre A en A' puis A'' et ainsi de suite).

Pour l'entreprise, Il s'agit donc, en première instance, de prendre le temps de sortir son collectif du statu quo pour le délivrer de sa façon de voir et de sa façon de croire à son existant Willy : cela consiste à engager le collectif dans des expéditions et des expérimentations désapprenantes par rapport à son existant. L'objectif de ces désapprenances n'est pas de trouver des idées, mais de nourrir la machine à étonnements. La deuxième partie de l'ouvrage se consacre à vous montrer ces pratiques et les nouveaux possibles qu'elles ouvrent.

Cette première instance vous permettra véritablement de travailler à l'endroit par rapport au futur et de jouer avec les discontinuités inévitables et créables. Cela aboutira à créer et à porter votre B, en d'autres termes à créer « ylliW » (inversion de Willy), dont voici le cahier des charges : quel est votre rêve de nouvelle valeur à plus dix ans, qui vise à apporter dix fois plus de valeur à long terme que le Willy ? Cette nouvelle valeur doit porter sur quatre dimensions interdépendantes : valeur apportée à l'écosystème clients, valeur sociétale, valeur apportée aux salariés, valeur économique.

D'un côté, « sauver Willy » et « devoir innover » ressortent d'une posture mercenaire et peuvent étouffer l'engagement humain. De l'autre, « créer ylliW » et « avoir envie de » témoignent d'une posture missionnaire et façonnent l'engagement futur. Pour y parvenir, rien de tel que de revenir à nous interroger sur « l'énergie qui nous a animés à apporter quoi » à travers toute l'histoire, pour ouvrir les possibles associés et porter un B qui ravive cette énergie et l'engagement associé.

Nous verrons dans la troisième partie de l'ouvrage l'ensemble du parcours pour vous permettre d'aboutir au B de votre entreprise à plus dix ans.

Certains pensent que c'est périlleux de s'engager pour dix ans dans un monde incertain. C'est vrai, si l'on s'engage sur un rêve de solution. Ici, il s'agit de s'engager non pas sur un rêve de solution mais de valeur, qui, de fait, reste encore ouvert à toutes les solutions possibles pendant le chemin. C'est donc un cône ouvert quant aux solutions à employer. Par essence, votre rêve de nouvelle valeur à long terme ylliW n'est pas attendu à court terme. Il faut donc le rétrograder à court terme. On parle souvent d'innovations qui n'auraient pas marché, car elles étaient trop en avance par rapport au marché. Ne serait-ce pas plutôt, car elles n'ont pas su se rétrograder à court terme ?

Notons par ailleurs qu'un projet d'entreprise à trois ans ne permet pas de construire à long terme, d'où la vertu de ce cône pour construire cette nouvelle valeur à dix ans. C'est encore plus crucial pour une entreprise qui fait instamment des investissements à long terme, tout en étant sujette à des discontinuités imposées par nos instances gouvernementales et réglementaires : ces dernières sont elles aussi concernées par les mêmes discontinuités de notre environnement. Nous avons vu à ce titre que projeter la sévérisation réglementaire à long terme peut devenir une réelle source d'avantage concurrentiel.

« Celui qui échoue à planifier planifie son échec. »
Benjamin Franklin

« Ne pas échouer à planifier » nécessite de sauter de la casserole suffisamment tôt avec le collectif, comme le démontre le modèle de conséquence vu précédemment (cf. figure 4) : plus nous attendons et moins nos décisions auront d'impact. Rassurez-vous, pour sauter de la casserole, il ne s'agit pas d'énoncer et de prendre un virage brutalement, mais de prendre le temps de réaliser le parcours suivant :

1. se redonner une posture missionnaire et errer en dehors de la casserole pour laisser venir ylliW à vous ;

2. s'engager suffisamment tôt dans ylliW, bien avant d'en avoir la maîtrise totale, tout en ayant la conscience de ses probabilités d'échec grâce aux expérimentations désapprenantes ;
3. s'engager dans un ylliW en tant que rêve de nouvelle valeur, et non pas en tant que rêve de solution, permettant ainsi de zigzaguer entre plusieurs solutions de manière réversible tout au long du parcours ;
4. rétrograder le ylliW à court terme à travers un premier petit ylliW à succès.

Nous avons aussi développé l'attrait de grouper les forces à plusieurs pour créer un ylliW collectif, partagé entre des entreprises et des acteurs « complémenteurs » et ainsi créer un impact notamment sociétal encore plus fort que la somme des impacts individuels, en mutualisant au mieux les forces associées. Bien entendu, cet impact est motivé pas nos raisons d'être communes qui nous rendent d'autant plus missionnaires pour l'apporter.

PARTIE 2

Un préalable à la définition du projet d’entreprise : le parcours d’étonnements collectifs sur les possibles de demain

Soucieuse de la vertu de sortir du statu quo de son modèle existant, toute entreprise peut créer en interne un programme pour proposer à des personnes volontaires des expéditions désapprenantes (*Unlearning Expedition*) dont voici le principe : il s'agit de se saisir des sujets non évidents par rapport à notre A et de les proposer à notre collectif. Chaque personne choisit et prend en charge sa propre expédition sur un de ces sujets. Son expédition comporte deux objets :

- découvrir tout ce qui est étonnant et diverge par rapport à « ce que l'on sait déjà », c'est-à-dire notre mode de pensée actuel ;
- saisir rigoureusement, c'est-à-dire sans filtrer par le jugement, tous les étonnements, afin de les partager avec ses pairs par la suite.

Son expédition peut consister à la fois à :

- fouiner des contenus *ad hoc* sur Internet ;
- aller à la rencontre d'acteurs sur le terrain pour les interviewer (acteurs spontanément adressés ou adressés *via* un intermédiaire) ;
- improviser elle-même des expériences liées au sujet. Par exemple, si le sujet est « comment font ceux qui ont poussé très loin la relation client digitale », la personne peut expérimenter elle-même une première expérience client.

S'ensuit une étape de croisement collectif de nos étonnements individuels permettant de les compiler et d'ouvrir les possibles sous-jacents à ces étonnements.

Appliquer cette approche avec votre propre équipe vous permet de répondre aux enjeux posés en première partie de l'ouvrage, en rendant ses membres acteurs de leur propre curiosité.

Dans un monde qui bouge, s'étonner de tout permet de désapprendre de nos évidences pour s'ouvrir aux nouvelles évidences qu'appelle ce nouveau monde.

Aujourd'hui, il est de la responsabilité d'une équipe de direction de toute entreprise, quelle qu'elle soit, de se partager des expéditions pour aller s'étonner de tous les nouveaux possibles engendrés par la révolution par les données. Je pratique cette approche non seulement auprès de l'équipe de direction de l'entreprise, mais aussi auprès d'un collectif de personnes récemment employées et ne venant pas de l'univers de l'entreprise : les nouveaux arrivants sont plus susceptibles d'ouvrir la machine à étonnements, car ils ne sont pas encore influencés par les croyances collectives. À l'instar d'un jeune enfant, ils posent constamment des questions en demandant « pourquoi ». D'ailleurs, un nouvel employé perd déjà 20 % de cette propension à questionner après seulement six mois au sein de l'entreprise[35]. Il ne tient qu'à vous de valoriser les potentialités des nouveaux arrivés. Vous conviendrez que, même si exiger un rapport d'étonnements après six mois est un premier pas, vous avez tout à gagner à amplifier cette approche, ne serait-ce qu'en termes d'attractivité sociale.

Vous allez découvrir comment s'y prendre et les illustrations concrètes et détaillées que cela donne sur le cas d'une entreprise d'habitat social, qui est représentatif d'un marché concurrentiel et complexe dans les métiers de service. De la découverte de ces nouveaux possibles pour votre propre entreprise résulteront des potentialités stratégiques, opérationnelles, organisationnelles, sociales, environnementales et sociétales pour votre propre entreprise.

CHAPITRE 3

LES ÉTONNEMENTS SUR LA RÉVOLUTION PAR LES DONNÉES ET LES POTENTIALITÉS ASSOCIÉES

Vous pourriez penser, cher lecteur, que le contenu qui suit est plutôt du ressort de l'équipe en charge du système d'information, comme cela a été le cas par le passé. Pour autant, ce sujet comporte dorénavant tellement d'enjeux stratégiques qu'il doit être plus que jamais appréhendé par l'équipe de direction et les managers de l'entreprise. Cette mutation est telle en termes de potentiel que vous devez en avoir l'intime conscience, ainsi qu'une compétence suffisamment aiguisée : potentiel aussi bien sur le plan stratégique qu'opérationnel et sociétal, notamment auprès de votre écosystème (fournisseurs, partenaires, clients, etc.), en lien avec votre raison d'être. À ce titre, nous verrons qu'il s'agit de placer « l'architecture des données couplée à l'intelligence associée » au cœur de votre stratégie[36], pour en tirer tous les bénéfices associés, ou, à défaut, souffrir d'un retard stratégique par rapport à ceux qui l'auront fait.

Au même titre, cela concerne toutes vos compétences opérationnelles, comme le montre une étude récente[37]. D'où l'intérêt de vous imprégner de ce contenu et de prolonger votre parcours de prise de conscience et de développement de votre propre compétence sur ce sujet avec vos équipes opérationnelles par la suite.

C'est ce qui explique que nous consacrons un chapitre important en termes de contenu à cette mutation, à travers quatre phases qui y sont développées :

- phase 1 : pourquoi les systèmes d'information historiques fondés sur le principe de progiciel de gestion intégré nous conduisent-ils vers une complexité exponentielle négative, et comment procéder progressivement à leur remplacement par un système fondé sur l'architecture des données ?
- phase 2 : comment l'intelligence des données procède-t-elle pour apporter de nouvelles valeurs ?
- phase 3 : plus concrètement, en quoi cette intelligence peut-elle apporter quelles nouvelles valeurs au niveau de l'entreprise en général et pour chacune de ses activités ?
- phase 4 : quels sont les impacts sur la stratégie de l'entreprise, sa chaîne de valeur, son modèle d'organisation, ainsi que les opportunités qui en découlent, notamment sur plan humain ?

Lors de la phase 3, des illustrations concrètes vous sont données sur le cas d'une entreprise sociale pour l'habitat.

Pour ceux qui redoutent ce sujet, en pensant que sa mise en œuvre nécessite une migration douloureuse et hyperchronophage, comme cela avait peut-être été le cas par le passé pour changer votre système d'information, voici une très bonne nouvelle : la mise en œuvre doit se faire le plus progressivement possible, en commençant par un micro-univers isolé, dont la mise en œuvre est simple et l'utilité est déjà significative, puis avec un autre micro-univers, et ainsi de suite, permettant dès lors de bâtir votre système de données et d'en bénéficier de manière progressive.

Pour ceux qui se soucient à juste titre du RGPD (Règlement général sur la protection des données), comme vous le verrez par la suite, ce dernier est une contrainte et non un obstacle, ce qui est une excellente nouvelle ! Pour épouser cette contrainte, il est tout à fait possible d'exploiter des données « anonymisées », c'est-à-dire des données pour lesquelles l'identifiant est un alias, empêchant dès lors quiconque le souhaiterait de savoir qui est la personne associée à cet alias (par exemple, quel client, quel personnel ou encore quel manager de l'entreprise).

> → La compagnie des bus de Besançon lance le fraudulobus : chaque autobus peut compter l'écart entre les gens qui ont composté et le nombre de passagers dans le bus, pour afficher en temps réel le taux de fraude, sans nommer aucun des présumés fraudeurs.

Par ailleurs, si les consommateurs redoutent de plus en plus que leurs données soient revendues par les Google, Méta ou autres, votre entreprise peut s'engager à ne jamais le faire pour préserver son éthique sociale et rassurer d'autant ses propres « clients » au sens large. Nous verrons par ailleurs que les données ont plus de valeur à être exploitées de manière stratégique pour votre entreprise qu'à être revendues à quiconque.

Bien entendu, cette nouvelle perspective technologique, opérationnelle et stratégique peut comporter des forces obscures non négligeables (par exemple, alertons-nous des réseaux sociaux qui exacerbent le harcèlement de masse amenant des adolescents à se suicider). Raison de plus pour prendre possession de ce sujet et vous assurer de bien utiliser uniquement le bon côté de la force, en harmonie avec vos valeurs et votre raison d'être.

Plus vous tarderez à aller vers ce sujet
avec vos équipes et plus vous regretterez par la suite
de ne pas l'avoir fait plus tôt.

Les quatre phases de progression dans la mutation

Phase 1

Pourquoi les systèmes d'information historiques fondés sur le principe de progiciel de gestion intégré nous conduisent-ils vers une complexité exponentielle négative, et comment procéder progressivement à leur remplacement par un système fondé sur l'architecture des données ?

Revenons au principe des systèmes d'information historiques (progiciels et ERP, logiciels maison) pour comprendre. Ceux-ci consistent à définir en première instance l'architecture des interactions entre les fonctions, pour en deuxième instance traduire les process associés (interfonctions et intrafonctions), et en troisième instance développer des programmes informatiques ou logiciels pour honorer chacun de ces process ainsi que leurs interactions.

Notons que, pour assurer ses process, un logiciel doit gérer les données dont il a besoin. Celles ci sont une ressource pour assurer ces process, mais elles ne sont pas le cœur du système.

Que s'est-il passé depuis trente ans et qui change la donne ?

> *Une histoire marquée par l'addition de process liée à leurs changements successifs*

La chaîne des process intimes actuels d'une entreprise a fatalement complètement changé par rapport aux process de l'époque. Non seulement de nouvelles réglementations sont arrivées, mais aussi de nouvelles attentes sur nos débouchés, voire d'autres débouchés.

Ainsi l'entreprise a rajouté de nouveaux process, avec peut-être parfois du zèle excessif conduisant à une forme de boulimie de process, pour laquelle les citations suivantes nous alertent :

- « personne ne crée consciemment et intentionnellement de la complexité. Mais involontairement et inconsciemment, tous les managers sont des créateurs de complexité[38] », selon R. Ashkenaz, expert en leadership ;

– « beaucoup plus d'entreprises meurent de boulimie que de famine », selon David Packard, fondateur de HP.

Notons que cela peut s'aggraver quand on a une quête de croissance coûte que coûte au sein de l'entreprise, par opposition à une croissance maîtrisée. Elle conduit à une surenchère de services et de débouchés que l'on ajoute, sans même se poser la question des choses à soustraire.

On parle de plus en plus de la dette technique, terme originellement employé dans la finance, caractérisant les entreprises dans lesquelles chacun a fait ses petits ajustements à son maillon de la chaîne, sans se concerter avec les autres maillons. Au final, la chaîne fonctionne moins bien, car tous ces ajustements additionnés constituent une véritable dette opérationnelle et économique à long terme de l'entreprise. Un article[39] de Forbes de 2015 prétend que le groupe VAG (Volkswagen) est l'entreprise la plus endettée au monde… à cause de sa dette technique.

Si, de surcroît, votre outil est celui d'un éditeur (ERP, progiciel métier), ce dernier a pensé bien faire en répondant aux attentes successives de ses utilisateurs pour rajouter tel et tel process. Cela a naturellement conduit à une lourde dette technique de ses logiciels intégrés, à force de rajouter des rustines sur la chambre à air initiale.

Ce qui est fatal avec le progiciel de gestion intégré et ses éditeurs, c'est qu'il n'est pas possible d'enlever tel ou tel logiciel process, puisqu'ils sont tous intégrés entre eux. Il s'agit d'une forme de névrose qui conduit fatalement à une méga-dette technique, avec un outil qui nous complique plus la vie qu'autre chose, et en premier lieu celle de l'éditeur[40].

Par conséquent, le système finit par avoir une valeur négative entre les bénéfices qu'il apporte et les obstacles qu'il impose, ce qui va à l'encontre de l'efficience de l'entreprise et désengage les hommes.

> *L'explosion des données et de leurs potentialités d'usage*

Aujourd'hui l'entreprise dispose de plus en plus de données (en quantité, en diversité et en historique), qui sont exogènes à ses logiciels intégrés. Par exemple, pour une entreprise dans l'habitat social, ce pourrait être les données d'une chaudière connectée, des prestataires intervenus pour l'entretien de résidences, les données de sondages clients.

Ces données exogènes comportent des gisements de valeur à exploiter pour l'entreprise, à condition de pouvoir les croiser entre elles, quand on veut, comme on veut, notamment à l'aide d'outils statistiques. Or, nos logiciels n'ont pas été conçus pour ça. Rappelons qu'ils sont conçus pour intégrer des process, et non pas des données de ce genre (exogènes). Par conséquent, dans bon nombre d'entreprises, les utilisateurs sont obligés de mettre ces données dans des tableurs Excel, au coup par coup, avec autant de tableurs.

Pour pallier cela, de nombreuses entreprises ont constitué un lieu de stockage des données massives, un « lac de données », mais cela ne suffit pas, car :

- il faut que les données soient cousues entre elles[41] pour être exploitées avec des algorithmes statistiques : il est question ici de construire une architecture de données faisant appel à des compétences de Data-Engineering ou ontologie des données, et non pas d'architecture de process ;
- il faut assortir des algorithmes statistiques permettant de dégager des valeurs décisives à partir de ces données : il est question ici de compétences en Data Science, et non pas de programmation de process.

Ne pas prendre ces deux précautions aggrave d'autant le paquet de rustines, et entrave les potentialités pour exploiter les données dans tous les sens... Dans un article tout récent[42], un expert reconnu[43] de la transformation des entreprises par les données nous alerte de l'enlisement dans lequel les entreprises sont tombées en créant un lac de données avec un pont le reliant aux logiciels intégrés, car les exigences des logiciels intégrés étouffent les potentialités du lac de données et, réciproquement, la liaison avec le lac de données complexifie encore plus les logiciels intégrés. Pour éviter cet enlisement dans votre entreprise, il s'agit de commencer dès que possible par constituer, de manière isolée, une micro-architecture de données sur un micro-univers propre à une de vos activités pour exploiter à bon escient toutes les corrélations possibles entre ces données.

Il s'agira pour vous de cibler par quel micro-univers vous allez commencer une première micro-architecture de données et quelle succession de micro-univers vous allez adopter pour construire « une architecture des micro-architectures », intégrant entre eux l'ensemble des micro-univers (cf. figure 5).

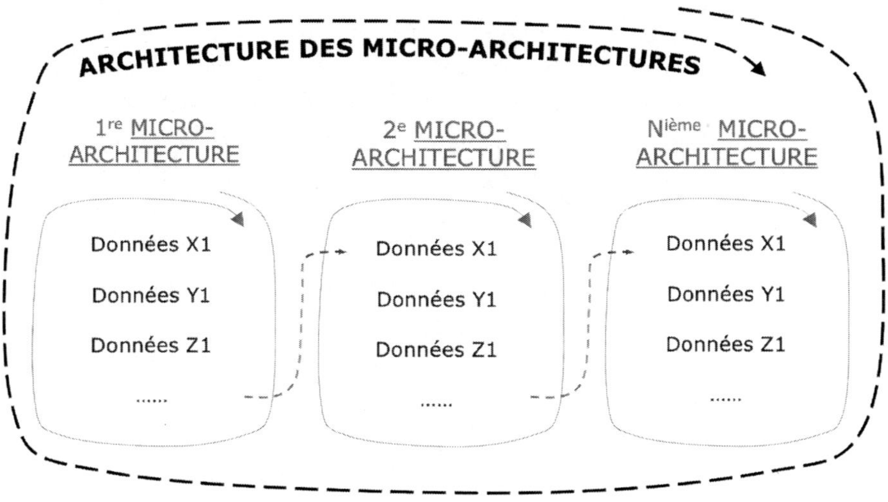

Figure 5. Construction progressive de l'architecture des données sur l'ensemble des micro-univers de notre entreprise

ZOOM

En quoi la construction progressive de l'architecture des données évite le paquet de rustines propres aux logiciels intégrés historiques ?

L'architecture des données est conçue pour faire parler et corréler les données entre elles... et non pour faire parler des process entre eux, comme pour les logiciels intégrés. Par conséquent, à chaque fois qu'un nouveau type de données s'offre à vous (par exemple, un objet connecté dans la résidence qui permet à la chaudière de « parler »), il suffit de l'intégrer à l'architecture afin qu'elle puisse être corrélée avec les autres données, et réciproquement. Notons que faire parler des process entre eux est autrement plus compliqué que faire parler des données entre elles, car chaque process comporte son propre chapelet de données, qui sont organisées pour assurer son fonctionnement, et dont une partie significative de ces données sont propres à ce process. Par conséquent, dès que l'on veut faire parler deux process différents, il faut revoir les deux process pour les intégrer entre eux. Quand ce sont les données et non les process qui sont le cœur du système, alors il devient facile à la fois :

- de rajouter le plus facilement du monde dans le système n'importe quel nouveau process métier ou n'importe quel algorithme statistique dont le nombre et la richesse se multiplient tous les jours ;
- d'enlever n'importe quel process : comme les données sont le cœur du système, elles ne dépendent pas des process, par conséquent enlever un process n'impacte aucunement l'intégrité du système des données ni les autres process.

Rajouter des choses à faire, c'est engendrer un « bordel boulimique »… Il faut aussi soustraire.

Ce propos, soustraire, est le propre de la stratégie ! De votre assiduité à soustraire dépendra directement votre agilité stratégique et opérationnelle.

Notons que :

- dès leur création, les leaders de la tech, entre autres les GAFA, se sont dotés d'une architecture de données en évitant soigneusement les logiciels intégrés historiques. C'est ce qui les rend stratégiquement autrement plus fulgurants et agiles que les acteurs historiques. Ils ont commencé ainsi avec des moyens congrus en employant en première instance des algorithmes statistiques *open source*, dont les coûts sont par essence modiques par rapport à ceux des progiciels employés par votre entreprise. Alors pourquoi pas vous ?
- l'évolution technologique est arrivée à un point tel qu'il est possible pour des opérationnels non-informaticiens de développer leur programme-algorithme pour un process donné avec le *low code* qui est de plus en plus répandu chez certaines entreprises. Or, la multiplication du *low code* risque d'engendrer un paquet de nouilles. C'est bel et bien l'architecture des données qui va endiguer ce risque et permettre à vos équipes opérationnelles de développer elles-mêmes les process dont elles ont besoin, et ce sont les données qui vont permettre de coordonner ces nouveaux process en cas de besoin avec les autres équipes opérationnelles.

Phase 2

Comment l'intelligence des données procède-t-elle pour apporter de nouvelles valeurs ?

Attachons-nous à vous expliciter ce que peut faire l'intelligence des données grâce à des algorithmes statistiques, en prenant l'entretien des chaudières en guise d'exemple.

Imaginons que l'on ait donc les données suivantes :

- données sur les conditions : quel est l'état de fonctionnement de la chaudière (débit de l'échangeur, température à l'échangeur, temps d'un cycle pour atteindre la température du thermostat, consommation, niveau d'embouage de son eau, niveau d'obstruction) sous quelles conditions (volume intrinsèque à chauffer, conditions météo à l'instant t, situation des ouvrants) ?
- données sur les mesures que l'on a prises : quelle intervention a été faite sur cette chaudière ? Par qui ? Pour faire quoi (réglages, nettoyage, changement, etc.) ? Quels ont été le coût et la durée de cette intervention ? Quelle gêne cela a occasionnée pour les personnes ?
- données sur les résultats obtenus après cette intervention : quels sont l'état de fonctionnement et les données d'efficience de la chaudière ? Comment évoluent-ils ?

À partir du moment où toutes ces données sont exploitables entre elles, à travers une micro-architecture de ces données, et où nous avons suffisamment d'historique sur leurs occurrences, alors des algorithmes statistiques peuvent explorer toutes sortes de corrélations entre toutes ces données sur l'ensemble des occurrences, pour apporter les différentes valeurs d'utilité suivantes.

> *1. Valeur analytique et optimisation*

Grâce aux données constatées entre telles conditions, telles mesures et tels résultats, les algorithmes statistiques révèlent, par exemple, que plus on intervient pour régler telle chaudière et moins elle est efficiente, contrairement à ce que l'on pensait, ou encore qu'en intervenant deux fois moins souvent sur telle chaudière et en l'équipant d'un thermostat connecté et programmable à distance, alors elle nous coûte autrement moins cher en global (consommation énergétique, coûts d'entretien). Au même titre, en analysant les données entre les moyens que nous avons employés pour délivrer le confort des personnes de tel logement et les impacts environnementaux associés, cela nous révèle des gisements de réduction d'impact tout en composant mieux avec le confort des personnes.

> *2. Valeur prédictive[44] et alertes*

Grâce à l'historique des données, il devient possible de prédire quel est le moment le plus opportun pour désembouer le circuit d'eau chaude. Au même titre, il est possible de prédire, en fonction de telle évolution dans les conditions (par exemple, prévisions météo) ou dans les mesures que l'on pense prendre (par exemple, intégrer des thermostats aux radiateurs), quels seront les résultats associés.

> *3. Valeur prescriptive*

Une fois un historique acquis de données (conditions, mesures, effets) avec une diversité suffisante de cas associés, il devient possible de simuler des « milliards » d'autres combinaisons entre telles conditions et telles mesures pour, de la sorte, révéler parmi ces milliards de simulations des scénarios exceptionnels en termes d'effets obtenus. Ainsi, les algorithmes statistiques proposent de meilleurs choix de chaudières pour demain, en prenant en compte tous les objectifs d'optimisation associés, et en apportant des allégations prouvant que ce sont les meilleurs choix.

> *4. Valeur d'automatisation et autonomie*

Grâce aux algorithmes statistiques et à des actionneurs connectés installés sur la chaudière, celle-ci peut se régler au mieux toute seule, enclencher une procédure d'entretien et nous instruire le détail de tous les entretiens à faire.

> *5. Valeur de coordination*

Grâce aux données entre différentes parties prenantes, il devient possible de les coordonner au fur et à mesure de leurs parcours et des données associées. Ainsi, quand une chaudière qui nous alerte, pendant son propre parcours, de la nécessité d'une intervention d'urgence, l'intelligence des données peut alors rechercher à l'intérieur du planning quels techniciens s'apprêtent à intervenir au plus proche. Ainsi, l'agenda de l'un d'entre eux sera modifié, pour optimiser une intervention immédiate, commandant d'urgence la pièce dont il aura besoin pour faire la réparation.

→ À sa manière, c'est ce que fait Airbnb entre un locataire, un loueur, le bien à louer et des prestataires qui préparent le bien. La clé de coordination se situe au niveau des données apportées par chacune des parties prenantes, grâce auxquelles les utilisateurs peuvent venir dans un Airbnb en toute confiance !

> *5 bis. Valeur de traçabilité partagée* via *la* blockchain

Avec toutes les données disponibles entre différents acteurs interagissant entre eux, il devient possible de créer des règles et un système distribué (non centralisé) d'autocontrôle par bloc, la *blockchain*, permettant à chacun de ces acteurs de s'assurer que ses pairs ont bien procédé en bonne et due forme sur leur bloc. Celle-ci est plutôt connue pour son usage dans les transactions financières ou les points à gagner (avec des monnaies virtuelles échangeables, bitcoin, ou non échangeables, NFT), lequel arrive dans l'immobilier[45]. Or, cet usage est un arbre qui cache la forêt de bien d'autres usages précieux. Par exemple, le *New York Times* utilise la *blockchain* pour lutter contre les *fake news* et Méditec contre les faux médicaments. Par conséquent, une entreprise de l'habitat social a tout intérêt à l'employer[46] pour enrichir la coordination des acteurs par leur traçabilité partagée :

- tant au niveau des acteurs et des « blocs internes » : audit, assurance qualité, reporting social, etc. ;
- qu'auprès des acteurs et des « blocs externes » : suivi intelligent de contrat, traçabilité utile de tout un chacun par rapport aux interventions des uns et des autres (par exemple sur une chaudière), etc.

Cela permet aussi de libérer ces acteurs du fardeau de la traçabilité.

Précisons que cet usage de la *blockchain* tel qu'il est proposé comporte un impact CO_2 très faible, contrairement à celui des *blockchains bitcoins* hypercomplexes à assurer, car ce sont des proies évidentes à des espoirs de vol d'argent « massif et facile ».

Notons que les entreprises pensent souvent qu'elles n'ont pas la taille requise pour faire de la *blockchain* et employer une architecture de données, ce qui est dommage, comme le souligne une étude récente[47] qui démontre à quel point les TPE ont tout à gagner en les employant.

ZOOM

L'intelligence artificielle et générative, une avancée supplémentaire de l'intelligence des données

L'intelligence a aussi la faculté dite de système d'apprentissage, *machine learning*, dont voici le principe : par simple multiplication à grande échelle d'expérimentations, il suffit d'avoir toutes les données de toutes ces expériences pour tirer des signaux d'apprentissage et apprendre à partir de ces expériences. À titre d'illustration, en permettant à une machine de faire ce processus sur des milliards d'expériences de coups d'échecs à jouer, alors cette machine apprend à devenir un joueur virtuel meilleur que le n° 1 mondial au jeu d'échecs[48].

D'autres avancées ont permis de faire cet apprentissage à partir de données non structurées, *deep learning* (forme de réseau neuronal digital), comme les données du jeu de go, qui sont beaucoup plus complexes. Cet apprentissage a battu plus récemment le n° 1 mondial du jeu de go[49].

Ces technologies sont employées, par exemple, pour comprendre comment telle image sera perçue par tel ou tel internaute sur les réseaux sociaux. Au départ, on demande à des milliers d'utilisateurs de bien vouloir qualifier telle ou telle photo, à partir de quoi ces technologies vont apprendre à deviner, à partir de la trame de pixélisation de telle image, comment elle sera perçue auprès de quel type d'utilisateurs sur les réseaux sociaux.

Plus récemment est arrivée l'intelligence générative, comme ChatGPT. Elle s'appuie sur des techniques de *machine learning* et de *deep learning* pour, à partir de toutes les sources de contenu disponibles (Web ou autre), générer du contenu à la demande et fournir des réponses contextuellement pertinentes. Elle peut aussi générer des images dans ce sens, comme le fait Midjourney.

ZOOM

Quid de nos emplois actuels ?

Certains se diront peut-être que cela va forcément se substituer à des emplois existants et donc engendrer des suppressions d'emploi, ce qui est parfaitement compréhensible. Voici cinq éléments qui permettent de nuancer ce propos et d'aiguiller vos choix à bon escient :

1. L'intelligence des données peut nous permettre d'apporter de nouvelles valeurs décisives, en lien avec notre mission sociale et raison d'être. Bien entendu, il s'agit d'aviser pour chacune d'elles les bénéfices sociétaux qu'elle apporte et les pertes qu'elle engendre, notamment en emplois. Peut-être que baisser les charges salariales serait utile pour baisser les coûts de fonctionnement et apporter plus à la société ?

2. L'intelligence des données peut utilement épauler les employés dans l'exercice de tâches administratives fastidieuses, afin dès lors de leur dégager du temps pour des activités et des missions encore plus humaines[50], en lien avec la raison d'être, conduisant à un meilleur engagement des hommes et à une meilleure attractivité sociale et sociétale de l'entreprise. D'ailleurs, comme nous l'avons vu précédemment, de l'utilité et de la fluidité de vos outils digitaux dépendra directement votre attractivité sociale.

3. Considérons un poste opérationnel clé dans l'entreprise sociale de l'habitat, à titre d'illustration, un gardien d'une habitation sociale : selon le niveau de paquet de rustines des logiciels intégrés de l'entreprise, il est possible qu'il passe une bonne partie de son temps à remplir des rapports qui l'empêchent d'être à l'écoute de ce qui se passe dans la résidence et d'aller au contact des résidents. Pire encore, peut-être qu'à cause de cette complexité, face à un client qui a eu un dégât des eaux, il serait bien incapable de lui dire ce qu'il en advient, voire il l'apprendrait après coup. De tels

scénarios comportent deux impacts négatifs sur le plan strictement humain :

- les clients n'ont pas confiance en lui, voire sont furieux après lui ;
- il est trahi par une nébuleuse qui lui prend du temps, ne lui sert à rien et empoisonne sa réputation, donc en clair son bien-être, dans l'exercice de sa mission.

L'intelligence des données permet de toute évidence de remédier à ces scénarios et, dès lors, d'augmenter le rôle du gardien et de le rendre encore plus attractif, humainement parlant.

4. Ces potentialités digitales vont inévitablement arriver dans le secteur de l'habitat, notamment social. Ces entreprises sont donc exposées à de nouveaux entrants qui pourraient surfer sur ces potentialités, au détriment des acteurs en place. À titre d'illustration, un certain nombre d'acteurs de la santé, et non des moindres, s'inquiètent de la montée en puissance future de Doctolib, dont ils pourraient demain dépendre à cause de la puissance de leur architecture de données.

5. Que l'entreprise le veuille ou non, elle subit une complexification permanente causée par la réglementation et les contrôles en tout genre, lesquels peuvent osciller fortement et de manière incohérente dans la durée et entre les différents sujets de réglementation. L'architecture des données vous permettra d'y répondre de manière automatisée, tout en honorant encore mieux les rapports demandés et en pilotant encore mieux le respect de chaque réglementation en bonne et due forme. Ainsi, les hommes peuvent se consacrer sur ce qui est quand même plus essentiel pour honorer la mission de l'entreprise avec la meilleure efficience.

Phase 3

Plus concrètement, en quoi cette intelligence peut-elle apporter de nouvelles valeurs (et lesquelles ?) au niveau de l'entreprise en général et pour chacune de ses activités ?

Nous allons illustrer cette phase sur le cas d'une entreprise sociale pour l'habitat, pour laquelle un groupe de dirigeants d'entreprises a travaillé sur la question suivante : « En considérant toutes les données accessibles de nos entreprises, et en employant les potentialités de l'intelligence entre ces données, quelles nouvelles valeurs cela pourrait-il nous donner ? »

Les données accessibles sont des données internes de leur système d'information, des données externes en provenance de leurs logements, des résidents, des intervenants externes et d'autres données externes nationales potentiellement disponibles.

Nous avons même demandé à une société spécialisée sur l'intelligence des données de nous interpeller sans filtre à partir de quelques questions et de nous donner des réponses à différentes questions qui nous permettent de nous nourrir encore mieux sur cette troisième phase :

- quelles sont les données disponibles et potentiellement assemblables entre elles, y compris celles auxquelles nous n'avons pas pensé ?
- quelles sont les valeurs potentielles que toutes ces données peuvent apporter ?
- quelles autres pistes (notamment équipements digitaux, application clients, etc.) peuvent générer des données supplémentaires ?

Une partie de ces potentialités sont des *quick win*, c'est-à-dire qu'elles sont rapidement gagnantes avec peu de moyens à consacrer. Elles portent sur un micro-univers isolé de données (par exemple, la régulation de chaudières), sur lequel on peut directement appliquer l'intelligence de données de manière utile.

Figurent aussi parmi les réponses des potentialités de nouvelles valeurs qui concernent plusieurs activités de l'entreprise (par exemple, activité de gestion de personnes et activité de gestion des bâtiments). Celles-ci sont reconnaissables ci-après en caractères italiques. Elles seront accessibles à plus long terme, car elles nécessitent que plusieurs micro-domaines aient constitué leur propre univers de données.

Bien entendu, il s'agira de hiérarchiser et d'ordonnancer la mise en œuvre des potentialités, selon leur facilité d'implémentation, leurs impacts et les attendus associés.

Rappelons que, face à la RGPD qui limite l'exploitation de toutes les données potentielles, il est tout à fait possible d'exploiter ces données de manière totalement anonyme afin de déterminer des corrélations et des relations de cause à effet de manière anonyme, notamment concernant les activités de gestion des personnes et de gestion du personnel. De manière générale, les réponses visent à ouvrir les possibles. Bien entendu, il s'agira, le moment venu, de s'assurer de concrétiser ces possibles en toute éthique (RGPD et plus récemment Digital Service Act).

> *Nouvelles valeurs sur l'activité de gestion des personnes (clients-résidents)*

Données disponibles

Sondages passés, avis locataire (sondage à chaud), nombre de sollicitations répétées par type de sujet (par exemple, défaillances répétées) *versus* durée de traitement effectif de la sollicitation, avis des intervenants internes et externes, informations sociales sur les résidents, historique des dates de paiement des loyers, données macrosociales et économiques de l'Insee et autres organismes (ANPE, etc.), fichiers incidents de remboursement, crédits des particuliers (FICP) et autres données publiques.

Nouvelles valeurs

a) *Disposer d'une évaluation de la qualité de service perçu, voire de bien-être, au niveau d'un résident, d'une résidence ou d'un quartier, et en global.*
b) Prédire l'évolution des besoins de vie en fonction de l'évolution de la situation des résidents.
c) Détecter des premiers signaux d'alerte sur des difficultés sociales de résidents.
d) Détecter des signes avant-coureurs de résidents qui vont arrêter de payer leur loyer pour anticiper un accompagnement au plus tôt.
e) Automatiser le reporting du parc social auprès de l'État avec la possibilité de faire de l'analytique à partir des reportings sur plusieurs années de l'entreprise pour en tirer des enseignements à notre propre niveau.
f) *Prédire un risque de dégradation des locaux-parties communes par les résidents eux-mêmes.*

Autres pistes pour avoir des données supplémentaires

- *Proposer une application aux résidents qui leur permette de s'entraider, de réagir en avant-première à un projet de réhabilitation, de sonder et de qualifier des besoins collectifs, etc.*
- *Proposer une application aux résidents qui leur permette de suivre et de connaître le détail de toutes les opérations en cours dans la résidence en toute transparence et de manière ludique, non technocratique, avec potentiellement des sondages/évaluations proposés pendant le parcours.*

> *Nouvelles valeurs sur l'activité de gestion des bâtiments*

Données disponibles

Devis et factures relatives à toute intervention et tout équipement, devis et factures relatifs à toute prestation de rénovation, devis et factures relatifs à toute installation, devis et factures relatifs à la consommation et au taux d'utilisation de tout équipement *versus* conditions d'utilisation des équipements (par exemple, combien la chaudière a consommé *versus* quelles étaient les conditions météo), données fournies par les équipements connectés ou par des capteurs connectés rajoutés par nos soins, normes énergétiques et données des équipementiers eux-mêmes concernant nos équipements, rapport d'incidents.

Nouvelles valeurs

a) Pouvoir évaluer à l'instant t ou en global la qualité de prestation de tel ou tel intervenant prestataire par résidence, sur l'ensemble des résidences, voire pour chaque catégorie de ses prestations.

b) Pouvoir évaluer de manière comparative tel ou tel équipement d'une catégorie d'équipement ou telle ou telle catégorie sur l'ensemble des résidences, quant à ses coûts complets d'exploitation (coûts en consommation, coûts en entretien, coûts de dysfonctionnements, coûts de mise à niveau/normes) et à sa fiabilité à l'usage :
   - croiser b) avec a) : tel équipement qui souffre en exploitation l'est-il de manière généralisée sur l'ensemble des prestataires qui interviennent dessus, ou au contraire existe-t-il un prestataire qui sait le pallier ?
   - prédire les coûts complets d'exploitation de tel équipement en fonction de l'évolution des coûts de consommation, des normes et des coûts de dysfonctionnement à venir ;
   - prédire des pannes ou des nécessités d'intervention par équipement ou type d'équipement pour mieux anticiper

les interventions, améliorer la qualité de service auprès des résidents et réduire les coûts curatifs.

c) *Pouvoir évaluer tel ou tel équipement ou telle ou telle catégorie d'équipement de manière globale, en intégrant ses coûts d'investissement et ses coûts d'interface avec d'autres équipements à ses coûts complets d'exploitation (b).*

d) Détecter au plus tôt une dégradation qui va engendrer des dégâts importants (tout début de fuite d'eau dans tel appartement ou tel endroit de la toiture qui va inévitablement engendrer d'énormes dégâts des eaux) ou l'obsolescence anticipée de tel équipement qui mérite une intervention dès maintenant, soit pour réparer soit pour remplacer par quelle autre solution plus avantageuse sur son cycle complet (installation et coûts complets sur durée d'exploitation).

e) *Recommander le meilleur équipement de demain, en prenant en compte l'ensemble des contraintes : confort et qualité perçus pour les résidents (si données disponibles, cf. gestion des personnes), coût complet d'installation, obsolescence* versus *réparabilité, durée d'exploitation* versus *efficience en coûts de consommation, durabilité et adaptabilité aux normes, coûts complets d'exploitation sur la durée.*

f) Comment progresser en tant que maître d'ouvrage pour manager encore mieux nos prestataires dans tel domaine (par exemple, pour le chauffage, la ventilation et la climatisation) : quel cahier des charges ? Comment mieux les piloter demain et sur quels critères ?

g) *Quelle relation entre la qualité d'intervention de nos différents prestataires dans telle résidence et la qualité de nos relations avec les personnes ?*

> *Autres pistes pour avoir des données supplémentaires*

- Rajouter à bon escient des capteurs de détection connectés ici ou là sur la résidence (par exemple, pour détecter une fuite d'eau potable à tel endroit du réseau de plomberie).
- Suivre l'état du bâtiment : possibilité de rattacher un drone à une résidence ou à un ensemble de résidences, lequel va faire régulièrement le tour de la résidence, non pas pour surveiller les personnes, mais pour filmer de bas en haut et de gauche à droite, de manière localisée, un bâtiment, et détecter tel et tel défaut nouvellement apparu grâce à la comparaison entre l'image du bâtiment avant et maintenant (par exemple, révéler une gouttière décrochée).
- *Permettre à tout résident de signaler un équipement qui dysfonctionne, grâce à une application de réalité augmentée via son smartphone qui le guide pour diagnostiquer et qui nous renseigne sur tel diagnostic, sur tel équipement, qui révèle tel dysfonctionnement et donc telle intervention de réparation. Ainsi les coûts sont réduits drastiquement (coût complet du diagnostic) de même que la durée du dysfonctionnement (délai réduit à la seule intervention de réparation), avec la faculté d'en informer directement le résident et de le remercier (éventuellement des points à gagner sous une forme ou sous une autre), voire de permettre à tout résident de savoir quels sont les dysfonctionnements en cours et, pour chacun d'eux, ce qu'il en est de leur réparation. Gageons que ce genre d'approche développe une meilleure relation entre l'entreprise et les résidents, et réduise leurs éventuels reproches à son égard.*
- Tracer les interventions des intervenants : pour certains types d'intervention, demander *via* une application smartphone que chaque intervenant prenne en photo telle ou telle chose au fur et à mesure de son intervention, comme le numéro de série ou le code-barres de la chaudière ou le niveau de la cuve. C'est ce que fait Enedis, Engie ou

Orange avec leurs sous-traitants qui interviennent sur le réseau électrique, de gaz ou de la fibre.

> *Nouvelles valeurs sur l'activité de prospection et de développement du foncier*

Données disponibles

Insee (démographie) ; base de données de l'État et de chaque conseil départemental sur les besoins quantitatifs et qualitatifs et les tendances prospectives : prédictions des bassins d'emploi/besoin en logements sociaux, par communauté de communes ou par commune (plan local d'urbanisme), priorités et potentialités associées (par exemple, potentialités d'étages additionnels et contraintes de zéro artificialisation des sols) ; taux de logement sociaux exploités par quels concurrents ; niveau de l'intensité concurrentielle sur l'achat foncier ; niveau d'engagement quantitatif et qualitatif sur le social, le logement, l'emploi de la collectivité locale à travers son projet communal et ses annonces au public et changement de politique associée ; prédiction des bassins d'emplois *versus* bassins de logements ; niveau de préemptions et expropriation en nombre et en taille de foncier ; friches de terrain à reconvertir (terrains industriels, etc.).

Nouvelles valeurs

a) Évaluer et comparer de manière objective les microterritoires selon leur potentiel actuel et futur, et selon l'intensité concurrentielle foncière. Cibler, définir et qualifier les meilleurs microterritoires à investir.

b) Une fois un microterritoire ciblé (a), identifier et qualifier les meilleures friches pour un investissement foncier.

c) Avoir des alertes sur tout mouvement ou signal faible sur ces friches.

d) *Projeter plusieurs hypothèses de projet sur telle friche et de business plan associées sur plusieurs décennies, permettant ainsi d'apprécier nos capacités de faire éventuellement une surenchère pour l'acquisition de ces friches.*

e) *Évaluer et comparer de manière objective des scénarios comparatifs selon le niveau d'investissement (nouveau foncier) ou de réinvestissement (foncier existant).*

> ***Nouvelles valeurs sur l'activité de projet de construction et construction***

Données disponibles

Plan 3D complet du projet (BIM : détail du cahier des charges de tel lot en termes de type et d'emplacement d'équipement), factures détaillées des prestataires, compte-rendu des réunions de chantiers avec conducteurs de travaux, données liées aux éventuels systèmes de contrôle d'accès dans les chantiers.

Nouvelles valeurs : projet de construction

a) *Projeter le coût complet de différents scénarios de projet sur un cycle de vie à long terme selon leurs coûts de construction X et leurs coûts d'exploitation dans la durée Y (et ainsi peut-être révéler un projet 2X qui coûte 0,2Y), voire leurs potentialités de revenus (récupération d'eau, récupération d'énergie, etc.).*

b) *Projeter sur un cycle de vie à long terme différents scénarios de types de logement et d'évolutivité du type de logement, et le temps d'occupation associé.*

c) *Au moment de décider sur un projet de construction avec un maître d'œuvre, simuler les bugs potentiels techniques du projet, tel qu'il est conçu pour ce qui est de sa construction et de son usage dans la durée afin de l'améliorer (par exemple, déceler sur les plans 3D du projet une façade qui souffre d'absence d'un système antigoutte et qu'il faudra par conséquent nettoyer beaucoup trop souvent, simuler l'évolutivité dans le temps de la fonction photovoltaïque).*

Nouvelles valeurs : construction

a) Tirer des leçons de tous les projets passés pour mieux définir le cahier des charges par lot, le suivi-contrôle de la réalisation du lot en vue de son recettage.
b) Détecter au plus tôt un prestataire qui commence à défaillir par rapport au projet.
c) Détecter et caractériser les retards critiques sur quel lot, qui vont gravement impacter le délai global (multilots).
d) Face à tel aléa pendant la construction (météo, défaillance fournisseur), simuler différents scénarios en prenant en compte plusieurs contraintes (coûts, délai, non-complexité technique, etc.) pour trouver le meilleur.
e) Simuler différents scénarios afin de trouver le meilleur pour intégrer telle modification apparue entre-temps par rapport au projet initial.

Autres pistes pour avoir des données supplémentaires

– Une application peut être employée tôt ou tard pour filmer la réalité d'un instant donné de la construction et la comparer avec le plan afin de révéler des défauts ou des retards d'installation. Ce film peut être réalisé par le conducteur de travaux *via* un balayage de son portable (nouveaux smartphones équipés d'un scanner laser permettant de restituer le contenu en 3D) ou *via* un drone (aux États-Unis, des drones sont déjà utilisés dans ce sens en faisant des tournées quotidiennes).
– Traçabilité de la pose : les ouvriers du chantier de construction sont équipés d'une caméra permettant de saisir ce qui est fait, quel équipement vient d'être posé, d'alerter sur des erreurs, et d'apporter et de valoriser une traçabilité de la pose. Il est possible aussi de glisser des puces RFID dans du béton, permettant, lors de la réception du chantier, de vérifier la consistance du mélange et le temps de mélangeage du béton de tel mur et sa conformité avec

le cahier des charges. Pour compenser la sensation de flicage de l'ouvrier, à tout moment, celui-ci peut être assisté pour bien poser quelque chose d'a priori complexe *via* son smartphone (cf. point c) précédent) ou *via* des lunettes de réalité augmentée, voire, comme dans certains métiers, il peut faire partie d'une forme de jeu virtuel qui lui donne la sensation de faire son chantier en jouant et en gagnant des points avec des récompenses associées.

> *Nouvelles valeurs sur l'activité de gestion, de développement du personnel et des interactions sociales*

Données disponibles

Données nominatives : feuilles de salaires, temps de présence, congés maladie ; autres données exploitables en collectif et de manière non nominative : données du parcours d'intégration, cartographie quantitative et qualitative des compétences et des services, rapports d'étonnement, nombre de départs ailleurs et selon quelle destination ; nombre de *burn out*, nombre de formations délivrées et niveau d'assiduité et de satisfaction, taux d'utilisation des prestations sociales par type de public et type de prestations, niveau de fréquentation des lieux communs, nombre de rituels communs et niveau de fréquentation lors de ces rituels, nombre d'initiatives proposées et taux de participation à ces initiatives, ratio entre temps en réunion et temps hors réunion par service, niveau de problèmes rencontrés par les employés avec leur informatique, durée de latence et taux de résolution, voire de répétition de ces problèmes, divers sondages employables ici ou là (par exemple, Ipsos fait des sondages sur le niveau d'engagement), évolution des demandes et des doléances en provenance des délégués du personnel, façon dont les gens parlent de la marque employeur dans les réseaux sociaux, temps consacré par manager en écoute et en support auprès de ses équipes, niveau d'interaction sociale dans le réseau social interne et diversité des interactions (diversité des sujets, interactions entre plusieurs services, nombre de formations par les managers sur le management, évolution du nombre de projets internes par type de projet et de leur taux d'avancement, marché de l'emploi par types de compétence, c'est-à-dire nombre d'annonces pour un job sur une compétence *versus* nombre de compétences sur le marché).

Nouvelles valeurs : personnel

a) Évaluer le niveau d'interactions sociales, le sentiment d'appartenance, le niveau d'engagement et leurs évolutions respectives.
b) Détecter quelles seront les compétences critiques demain *versus* les besoins et le marché de l'emploi.
c) Simuler les potentialités de tel ou tel dispositif social.
d) Détecter quels sont les maillons ou les services qui impactent positivement ou négativement la marque employeur.
e) Détecter suffisamment tôt un début de mal-être dans un service pour y parer au plus tôt.
f) Cibler quelles sont les formations au management qui manquent le plus aux managers.
g) Détecter suffisamment tôt des usines à gaz internes à impact très négatif sur le moral et l'engagement des personnes.
h) Identifier ce qui semble présager un prédépart de l'entreprise et au sein de quel service.

Nouvelles valeurs : autres domaines dans les entreprises

a) Relation avec les actionnaires : quel reporting faire à chacun ? Sur quoi ? Sous quelle forme ? Comment automatiser ce reporting ? Quelles corrélations entre les contenus présentés aux actionnaires et les interactions avec eux et, le cas échéant, leurs votes ?
b) Autres missions plus ou moins à la marge de l'entreprise : accession à la propriété, ventes non traitées.

c) Automatiser divers reportings auprès du groupe et auprès des différentes instances (État, banques, conseils départementaux, etc.).
d) Mieux exploiter et valoriser l'historique de reportings.

Phase 4

Quels sont les impacts sur la stratégie de l'entreprise, sa chaîne de valeur, son modèle d'organisation, ainsi que les opportunités qui en découlent notamment sur le plan humain ?

> *Premier impact*

L'intelligence des données renverse les atouts concurrentiels historiques de l'entreprise et détruit les frontières concurrentielles de son environnement business.

Les entreprises s'appuient traditionnellement sur trois atouts concurrentiels :

- l'échelle : si mon activité est à plus grande échelle que mes concurrents, alors mes coûts industriels sont plus bas ;
- le business (type de clients, produits et géographie) : si j'étends mon périmètre et ma quantité de production, cela me protège encore plus de toute attaque ;
- l'apprentissage, l'expertise : si je capitalise sur toutes mes expériences grâce aux deux points précédents, alors cela m'apporte une meilleure expertise métier par rapport aux autres. Historiquement, ce sont les processus métier qui sont élaborés et transmis de manière incrémentale par des hommes, et qui sont renforcés par les systèmes informatiques traditionnels.

Or, comme nous l'avons vu précédemment, l'intelligence des données permet de coordonner un volume et un spectre encore plus large d'acteurs, rien que par leurs données, avec presque zéro coût variable (les coûts variables sont ceux qui augmentent au fur et à mesure des coordinations à faire).

La croissance de l'activité de l'entreprise devient donc une résultante naturelle de la dynamique des données à double titre :

- croissance sur le premier spectre applicatif ciblé : plus nous avons d'utilisateurs et plus la richesse d'occurrences augmente et mieux notre intelligence des données apporte une valeur sur mesure à chacun d'entre eux. Par ailleurs, grâce aux coûts variables minimes de toutes ces nouvelles valeurs ainsi apportées, il est possible de proposer une offre d'usage à coût accessible pour l'utilisateur, ce qui favorise le nombre d'utilisateurs et leur fréquence d'usage ;
- croissance sur des spectres applicatifs adjacents aux premiers : grâce aux données utilisateurs déjà acquises sur le premier spectre applicatif, il devient possible d'apporter de la valeur à ces utilisateurs dans d'autres catégories de services ou de produits qui peuvent les concerner, en brisant de la sorte les frontières concurrentielles historiques et en amortissant d'autant mieux les coûts fixes qui ont été engagés dans cette architecture de données.

→ leboincoin.fr, qui avait commencé sur les annonces entre particuliers pour des objets à faible valeur ajoutée en *local to local*, est devenu depuis leader pour les annonces immobilières, d'emplois, de services et d'automobiles au niveau *national to national*.

→ Tesla a cassé les frontières concurrentielles entre les constructeurs automobiles et les distributeurs d'énergie. Encore plus récemment, Tesla a étendu son offre à l'assurance auto, en permettant à l'utilisateur de s'assurer au plus juste en fonction de son comportement sur la route, lequel est reconnaissable grâce aux données.

Par conséquent, les processus axés sur l'intelligence des données perturbent profondément deux dimensions stratégiques :

- les atouts concurrentiels : ces processus peuvent monter en « échelle », étendre leur « périmètre » et développer leur « expertise », nettement plus rapidement que les processus traditionnels avec des atouts concurrentiels encore plus puissants ;
- les frontières concurrentielles : ces processus permettent de passer naturellement d'un environnement business *alpha* à un autre environnement concurrentiel *bêta*, grâce à des connexités potentielles à partir des données de ces deux environnements, au nez et à la barbe des acteurs de *bêta*, à qui il manque les données de l'environnement *alpha*.

→ Souvenons-nous de Doctolib évoqué précédemment : à sa manière, il se multiplie en dépassant toutes les frontières entre les types de soin et d'établissements de soin et il obtient des capacités uniques non seulement d'échelles et de richesse de données, mais aussi de coordination multipartite (mutuelles, etc.), à une vitesse telle que les entreprises de santé actuelles pourraient souffrir d'un tel acteur qui peut se substituer à eux en termes de cœur de valeur ajoutée dans la relation client. Plus récemment, la start-up Swile a commencé par dématérialiser les Tickets-Restaurant pour dès lors créer des connexités avec la RH de manière plus large.

Toute entreprise de l'habitat social pourrait se retrouver tôt ou tard « dépendante » d'un acteur qui miserait sur l'intelligence des données à grande échelle dédiée à l'univers au sens large de la promotion et/ou du logement. Cet acteur que nous allons appeler Logerlib commencerait par un micro-univers de coordination *alpha* que nous ne pouvons pas voir venir, pour ensuite entrer naturellement dans l'univers *bêta* de notre entreprise, grâce à la connexité de ses données. Notons à cet égard le développement de start-up dites Proptech[51], qui se consacrent à développer des technologies immobilières.

D'où la question que chaque entreprise devrait se poser : allons-nous laisser un nouvel entrant nous chiper cet avantage concurrentiel majeur ? Ou allons-nous LE créer nous-mêmes, au bénéfice de notre raison d'être, quitte à nous y mettre à plusieurs pour le faire ?

Les organisations qui excellent dans la connexion des entreprises, l'agrégation des données qui circulent entre elles et l'extraction de leur valeur *via* l'analyse et l'intelligence augmentée auront le dessus, car les synergies entre les flux de données ne se soumettent pas aux frontières historiques concurrentielles. Plutôt que de se concentrer sur l'analyse de notre environnement concurrentiel et sur la gestion des ressources internes de notre entreprise, notre avantage de demain résultera de notre capacité à développer les connexions entre acteurs et entreprises de secteurs connexes et les flux de données associés.

La figure 6 montre la croissance de la valeur économique générée (en abscisse) en fonction de l'échelle ou du volume (en ordonnée), selon que nous avons un système de production classique (trait continu) ou un système de production par les données (trait pointillé).

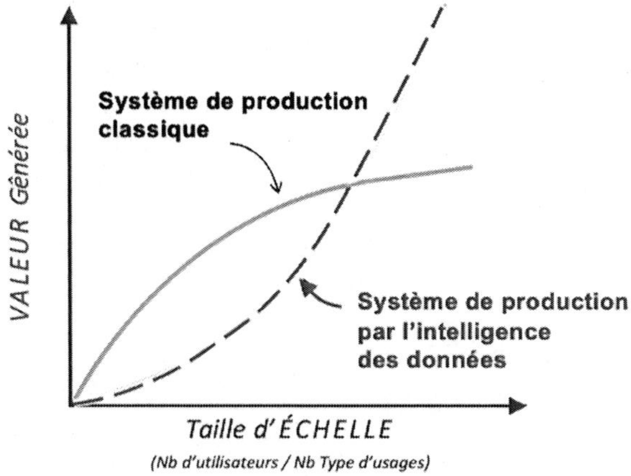

Figure 6. Comparatif valeur/volume
entre les deux systèmes de production[52]

La courbe du système de production classique souffre d'un plafonnement de la valeur économique au fur et à mesure que l'on augmente le volume, pour les raisons suivantes :

- les coûts variables augmentent en même temps que le volume ;
- la multiplication des usagers/usages crée une complexité d'offres à honorer, qui atteint ses limites et crée des dysfonctionnements, engendrant dès lors des coûts additionnels, auxquels s'ajoutent des coûts liés au désengagement des hommes ;
- l'augmentation du coût commercial nécessaire pour conquérir chaque unité de volume.

A contrario, la courbe du système de production par l'intelligence des données (courbe en pointillé) connaît une augmentation de la valeur économique (en ordonnée) qui augmente bien plus que celle du volume (en abscisse) sous forme d'une exponentielle qui monte à la verticale. En effet, plus l'intelligence dispose de données corrélables entre elles, plus elle développe son nombre d'utilisateurs et de cas d'usage, et plus elle constitue un potentiel de données larges diversifiées et à forte occurrence sans que les coûts augmentent, puisqu'il y a très peu de coûts variables. Certes, ce système comporte des coûts fixes (coûts internes indépendants du volume traité) potentiellement plus importants, liés au développement de toute cette intelligence de données, mais vous reconnaîtrez que, comme cette dernière permet naturellement d'augmenter le volume, celui-ci ainsi augmenté permettra de marginaliser l'impact de ces coûts fixes.

En somme, la croissance en volume bonifie la marginalisation des coûts pour délivrer plus de valeur aux différents clients, bonifiant d'autant le coût d'accès pour ces clients et l'arrivée de nouveaux clients.

→ La plate-forme Alibaba, qui était initialement positionnée dans l'environnement business d'e-commerce, s'est lancée dans la création d'Ant Financial[53] en 2014, pour proposer des solutions de financement aux consommateurs d'e-commerce et de la trésorerie aux e-commerçants. Grâce à l'intelligence de toutes les données dont elle dispose sur les e-commerçants, elle leur propose désormais de financer leur trésorerie en deux minutes avec un taux d'insolvabilité quatre fois inférieur à la moyenne des meilleures banques mondiales. Ant a ensuite proposé une variété extraordinaire d'offres additionnelles : la gestion de patrimoine, l'assurance maladie, les services de notation de crédit, et même un jeu en ligne qui encourage les gens à réduire leur empreinte carbone. En à peine cinq ans, le nombre de consommateurs clients d'Ant Financial a franchi la barre du milliard. En 2019, elle gère désormais l'un des plus grands fonds du marché monétaire au monde et elle dessert plus de dix fois plus de clients que les plus grandes banques américaines, avec moins d'un dixième de leur nombre d'employés. Le système de production et de développement stratégique de la maison mère, Alibaba, réside bel et bien dans l'intelligence des données, qui tire des enseignements à partir de l'occurrence, de la diversité et de la complémentarité des données et de leurs effets de masse.

ZOOM

L'enjeu de démultiplier les potentialités de l'intelligence des données avec d'autres acteurs ?

Cet avantage par l'intelligence des données aura une portée et un impact exponentiellement plus importants, si vous faites une intelligence des données avec d'autres acteurs : non seulement des acteurs de votre environnement *bêta*, afin d'amplifier l'échelle des données sur *bêta* (par exemple, autres acteurs du logement social, instances publiques consacrées au logement social, etc.), mais aussi avec des acteurs d'environnements *alpha* adjacents au vôtre.

Voici quelques illustrations d'acteurs adjacents potentiels : autres acteurs du logement ou de la promotion en général, acteurs adjacents à nos métiers (fournisseurs, prestataires, etc.), acteurs adjacents à nos services auprès des clients (divertissements, loisirs, formation, emploi, etc.), acteurs technologiques complémentaires (cybersécurité, stockage et intégrité des données, experts en *machine learning* et *deep learning*).

La conjonction de tous ces acteurs *bêta* et *alpha* adjacents va amplifier d'autant cette intelligence globale des données ainsi constituées : données plus importantes en nombre et plus riches en diversité et en complémentarité et en occurrences.

En découvrant ces acteurs adjacents *alpha* ainsi suggérés, vous vous dites peut-être que votre entreprise n'est pas assez attractive en taille, pour qu'ils aient envie de se mettre en adjacence avec vos données. Par conséquent, cela ne pourra pas se faire ou alors il faudrait beaucoup d'argent pour leur faire passer le pas. Certes, c'est vrai, si vous raisonnez au niveau de votre entreprise de manière isolée. En revanche, si en première instance vous associez d'autres entreprises comme la vôtre de l'environnement *bêta* (à l'échelle nationale, voire européenne), c'est en deuxième instance que vous et vos pairs deviendrez alors sérieusement attractifs vis-à-vis des acteurs de l'environnement *alpha*.

ZOOM

L'intérêt ou non de la vente des données

Depuis l'arrivée d'Internet est apparue la potentialité de récupérer des données pour les vendre par la suite et en faire une source majeure de profit : un acteur comme Alphabet s'est développé en apportant de plus en plus de facilités et de valeurs aux utilisateurs (Google Search, Gmail, YouTube, Waze, Android, Google Map, Google Drive, etc.) en toute gratuité pour les utilisateurs. Ainsi, plus il y a d'utilisateurs et de services, et plus il y a de données. Ces données vont générer en retour deux sources de revenu : se faire rémunérer pour placer une annonce publicitaire bien ciblée auprès de tel utilisateur et vendre des données à des tierces parties. Depuis lors, les gens pensent que c'est l'eldorado des possesseurs de données, mais c'est peut-être un modèle du passé concernant votre entreprise pour deux raisons :

– tôt ou tard la législation va intensifier l'éthique quant à la vente de données de tel ou tel utilisateur à son insu, voire à la fabrication d'utilisateurs virtuels qui vont engendrer des rémunérations pour du vide (cf. révélations récentes sur X, ex-Twitter). Notons, à ce sujet, le contrepied et les actes successifs d'Apple pour être la société la plus respectueuse des données des utilisateurs (à vérifier si c'est un vrai engagement[54] au-delà de l'attrait marketing) ;

- c'est peut-être plus intéressant d'exploiter nous-mêmes des données pour apporter plus de valeur à nos clients et ainsi gagner plus auprès d'eux... que de vendre les données. À ce titre, les chiffres de Facebook et de Google dégringolent.

> *Deuxième impact*

Nouveau paradigme : passer du système d'information à l'architecture de données

Pour obtenir les valeurs apportables par l'intelligence des données (analyse, prédiction avec alertes, prescription, automatisation, coordination et traçabilité partagée, intelligence artificielle), quatre composants doivent être mis en œuvre, constituant dès lors le cahier des charges de cette architecture de données :

- le système et l'architecture de données, qui permettent de recueillir, de nettoyer, d'intégrer et de protéger les données de manière systématique, durable et évolutive. Pour rappel, si les données ne sont pas cousues entre elles (grâce à l'architecture de données), alors l'intelligence augmentée ne peut rien faire de vraiment décisif : ranger les données dans un « lac de données » ne suffit pas, il faut l'architecture qui rendra ces données cousues entre elles ;
- les algorithmes (programmes statistiques), qui cherchent des corrélations entre les données pour générer des analyses, des prédictions ;
- une plate-forme d'expérimentation, sur laquelle des hypothèses concernant de nouveaux algorithmes sont testées pour s'assurer que leurs suggestions ont bien l'effet

escompté. Souvenons-nous de la plate-forme d'expérimentation d'une nouvelle usine de voitures employée par BMW évoquée précédemment;
- l'infrastructure, à savoir les systèmes qui intègrent ces processus dans le logiciel et le connectent aux utilisateurs internes et externes.

La mise en œuvre de ce cahier des charges passe par un changement radical de compétences et de profil de pensée au niveau des développeurs informatiques de votre entreprise : il s'agit de passer de la traditionnelle « informatisation de processus » à « l'application de mathématiques appliquées autour de données qui parlent entre elles » ou, dit autrement, de passer des traditionnels « algorithmes processus qui génèrent des données » à « un noyau intégré de données dont se servent des algorithmes mathématiques ».

ZOOM

L'enjeu des données pour plus d'expérimentation scientifique au service d'une stratégie plus pertinente

Si l'intuition a ses vertus pour élaborer votre stratégie avec votre équipe, ou pour faire face à tel aléa, elle risque cependant d'être alimentée par des croyances sans fondements, voire, comme nous l'avons vu en première partie, par des croyances qui sont en déni des discontinuités, pourtant à pied d'œuvre dans notre environnement.

Plus notre environnement bouge et plus ce seront nos expérimentations qui vont proprement purger nos mauvais filtres, comme le démontre l'étude précédemment citée du MIT. En clair, plus nous devons procéder sous forme d'approche scientifique, comme le soutient un article récent[55] de deux professeurs d'Harvard : « Les leaders d'aujourd'hui sont ceux qui savent à quel point il est important de confronter systématiquement les hypothèses. »

À ce titre, la stratégie n'est pas seulement la déclaration de ce que l'on veut obtenir, le quoi qui exprime des effets voulus de notre B, vous devez aussi et avant tout déterminer :

- le pourquoi de notre B : nous avons vu l'importance de prendre un premier temps pour faire des expéditions et des expérimentations d'étonnements sur notre environnement qui bouge pour bien poser la question à laquelle notre projet d'entreprise devra répondre demain, avant de forger le quoi, la stratégie qui est censée y répondre ;
- le comment de notre B : après ce premier temps, il s'agit d'expérimenter différentes hypothèses de points clés de la mise en œuvre de notre B et de solutions qui y répondent pour mieux appréhender son comment.

À l'évidence, dans un monde qui bouge, c'est l'approche scientifique nourrie par les données renseignées par toutes les expérimentations qui va vous aider à poser au mieux le pourquoi et le comment et, *a fortiori*, compte tenu de la durée de vos cycles d'investissement. Les deux professeurs d'Harvard, auteurs de l'article précité, nous intiment à pratiquer assidûment les cinq choses suivantes :

- être un sceptique averti et remettre en question sans relâche ;
- enquêter sur les anomalies, les choses qui sont inattendues ou qui ne semblent pas conformes ;
- concevoir des hypothèses vérifiables qui peuvent être confirmées de manière quantifiable ou réfutées ;
- mener des expériences qui produisent des preuves tangibles ;
- prouver la relation de cause à effet.

Votre architecture de données vous permet justement de décupler votre dynamique et votre culture d'expérimentation[56].

Souvenons-nous de ce que fait BMW aujourd'hui avant de lancer un nouveau site pour produire un nouveau modèle, ou encore des potentialités du *machine learning* et du *deep learning* évoqués précédemment : les champions du monde de go et d'échecs se sont fait battre par une machine capable d'expérimentations à très très grande échelle et ChatGPT a remporté haut la main le concours pour devenir avocat aux États-Unis (bien entendu grâce à toutes les sources d'informations disponibles).

Notons enfin que, dans un environnement incertain, la réussite de votre quoi (vision à long terme) tiendra dans votre capacité[57] à identifier des questions pertinentes à poser pendant le parcours et à focaliser vos expérimentations sur ces questions clés.

> *Troisième impact*

Déconstruction du modèle d'organisation historique fondé sur la chaîne de valeur intégrée

C'est en 1985 que Michael Porter développe le principe de la chaîne de valeur[58] comme suit : pour honorer ses clients et les différentes parties prenantes, l'entreprise spécialise des fonctions opérationnelles successives sous forme de maillons successifs d'une chaîne. Pour atteindre la meilleure efficience, l'entreprise doit non seulement veiller à l'efficience de chacun de ses maillons opérationnels, mais aussi à celle des interactions entre eux (d'où le terme de « chaîne intégrée »). Pour assurer ces interactions en bonne et due forme, il est nécessaire de spécialiser des fonctions support sur différents domaines d'interaction : gestion des ressources humaines, achats, système d'information, recherche et développement, etc.

Notons que les logiciels intégrés (ERP) sont arrivés cinq ans plus tard. Ils ont naturellement cherché à pousser ces deux efficiences, spécialisation (de plus en plus de maillons opérationnels) et intégration (de plus en plus de fonctions support), à leur paroxysme, avec les limites que nous avons vues précédemment (par exemple, comment avoir une compréhension à 360° de telle résidence quand on considère ses résidents, son état de fonctionnement et ses nécessités d'entretien, son écart par rapport aux normes ?).

L'hyperspécialisation, tant vantée par Frédérick Taylor et Henry Ford il y a presque un siècle, se confronte à d'autres limites, face à un environnement incertain qui évolue avec de multiples discontinuités du passé :

- elle s'oppose à l'agilité transversale rendue de plus en plus cruciale dans un monde qui bouge ;
- elle réduit chaque maillon à faire toujours la même chose, qui est la partie congrue qui lui incombe, avec à la clé un désengagement avéré des nouvelles générations et une déresponsabilisation sur les enjeux plus transversaux ;
- elle surcharge des fonctions support dont on espère qu'elles pourront assurer la transversalisation ;
- en conséquence des trois premiers points, elle empêche la prise d'initiative et l'entrepreneurship en interne.

Cela conduit à deux conséquences négatives :

- pour rappel[59], involontairement et inconsciemment, tout manager est un créateur de complexité. Par conséquent, plus une entreprise hyperspécialise chacun de ses silos et plus faire fonctionner l'ensemble de ces silos devient une usine à complexités qui sont apposées côte à côte et qui s'opposent. Cela conduit à la dette technique dont nous avons parlé précédemment[60] pour l'entreprise. Pour ceux qui en douteraient encore, une étude récente[61] montre que seules les petites équipes sont capables de créer des disruptions, qui par essence se confrontent à un environnement a priori fortement complexe ;

– cela mine l'attractivité des emplois dans l'entreprise, quels qu'ils soient : face à une complexité excessive grandissante, les personnes de l'entreprise doivent faire de plus en plus de choses qui ne servent à rien, au détriment des choses qui ont du sens. Méfions-nous du jour où nos process deviennent l'empire de notre entreprise. En atteste peut-être l'ouvrage bien connu d'un anthropologue, *Bullshit jobs*[62], littéralement « Emplois à la con », qui nous alerte sur tous les employés qui font des choses qui, en fait, ne servent à rien.

La très bonne nouvelle pour votre entreprise, cher lecteur, c'est que, grâce à l'architecture des données, vous pouvez enfin vous libérer, vous délivrer de cette organisation de type chaîne de valeur intégrée. En effet, comme celle-ci est capable de tout coordonner, elle vous ouvre une nouvelle organisation constituée par une constellation d'entités opérationnelles satellites qui prennent en charge tout de A à Z à leur niveau et interagissent avec les autres équipes, grâce à l'architecture des données qui se trouve au centre du système.

→ Cela existe déjà, notamment concernant des objets intelligents : il est possible aujourd'hui de lancer des centaines de drones autonomes qui sauront interagir entre eux et s'entraider grâce aux données relatives à ce qui se passe chez chacun d'eux dans son environnement. Il est aussi possible de donner des instructions « augmentées », permettant à chacun de se spécialiser, pour faire au mieux telle mission à un instant donné. Les armées qui ont pu expérimenter ces capacités ont compris à quel point elles peuvent aussi concerner telle ou telle troupe d'humains sur le terrain.

→ Cela existe aussi pour les entités humaines : à leur manière, des plates-formes coordonnent des millions d'entités humaines entre elles de manière ultrapersonnalisée. Nous avons vu précédemment la capacité d'Airbnb à coordonner tout le monde, et, qui plus est, en tant que tiers de confiance. Cela permet aussi de rendre spécialisé quelqu'un qui ne l'est pas, comme cela se produit aujourd'hui dans le domaine médical.

Notons que cette architecture des données libère, délivre les hommes de toute complexité interne inutile, tout en favorisant leur accès à la spécialisation et à la relation au collectif de l'entreprise. Par conséquent, elle représente un levier majeur d'attractivité sociale pour votre entreprise.

Bien entendu, ce sera à vous d'aviser quelle organisation sous forme d'unités satellites à taille humaine vous convient le mieux demain à partir de votre architecture de données :

- pour vous accomplir au plus près de votre raison d'être ;
- en apportant à vos hommes du bien-être à travers un environnement de travail encore plus épanouissant.

Notons à ce titre l'acronyme anglais DAO, signifiant « organisation autonome décentralisée », qui émerge grâce à cette intelligence des données, et qui se veut prometteuse[63], avec la faculté de renforcer les opérations par la traçabilité partagée (*blockchain*) entre toutes les parties prenantes, sous forme de contrats intelligents. Pour certaines d'entre elles, les investissements sont constitués dans une dynamique communautaire (par exemple, pour réunir des fonds pour la défense ukrainienne), en échange de valeur virtuelle (token). Dès lors, les décisions, même de la plus haute importance, sont prises par les possesseurs de tokens de manière démocratique définie à l'avance. Certaines initiatives ont même été réalisées pour appliquer les vertus de la DAO en vue d'en faire la ville du futur (projet DAO City réalisé au Wyoming).

En guise d'illustration avérée, la figure 7 décrit l'organisation de ByteDance (maison mère de TikTok), dont on dit qu'elle est l'élément causal[64] de sa performance exceptionnelle en innovation et de sa réussite fulgurante. Il est possible que vous rechigniez à écouter cet exemple, car c'est un business de réseau social qui n'a rien à voir avec le vôtre et dont la raison d'être n'est peut-être pas si louable que cela, ce qui est parfaitement compréhensible de votre part. Rassurez-vous, cette illustration sert uniquement à vous inspirer sur son organisation et sur les bénéfices associés, notamment en termes d'avantage concurrentiel.

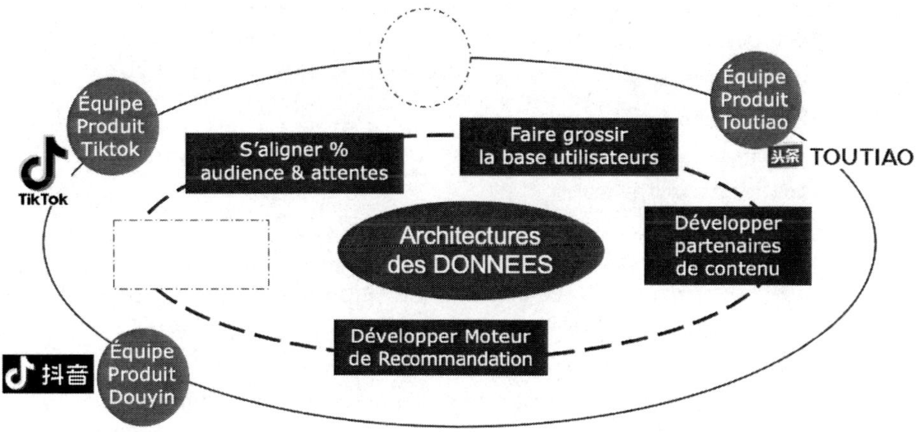

Figure 7. Organisation sous forme de constellation de petites unités chez ByteDance[65]

Dans cette organisation, nous découvrons deux constellations d'unités à taille humaine, qui sont au service de l'architecture des données (située au centre de la figure) et appuyées par cette architecture de données, avec très peu de niveaux hiérarchiques.

La première constellation (la plus éloignée du centre et visible en trait continu) concerne des entités produits (Tiktok, Douyin, Toutiao) : chacune est constituée par une petite équipe, laquelle est dédiée à répondre de A à Z à un besoin client donné, par exemple l'entité Tiktok.

La seconde constellation (la plus proche du centre et visible en trait pointillé) concerne des entités dédiées à l'exploitation d'une fonction commune aux entités produits (première constellation) : chacune est au service du développement et de la croissance des entités produits, en jouant au mieux sur l'effet d'expertise et la vitesse à partir des besoins de toutes les entités produits et au bénéfice de chacune d'entre elles.

Au centre du système se trouve l'architecture des données. Il s'agit donc de deux constellations de petites équipes satellites au service de l'architecture de données et appuyées par l'architecture des données, avec très peu de niveaux hiérarchiques.

Voici peut-être deux autres illustrations censées être plus proches de votre contexte.

→ Aravind est une entreprise privée qui a saisi l'initiative de lutter contre la malvoyance non traitée qui restait très importante en Inde : elle souhaite opérer des yeux le plus grand nombre des gens qui n'en ont pas les moyens. Pour optimiser la productivité de son site d'opérations et rendre accessible son coût pour les malvoyants, elle doit drainer au mieux les flux entrants. Pour ce faire, elle s'appuie sur des milliers de satellites : en l'occurrence, ce sont des citoyens répartis sur le territoire, qui vivent en local et procèdent avec leur smartphone à des diagnostics de vision. Toute personne ainsi détectée comme malvoyante bénéficie ensuite d'une consultation auprès d'un ophtalmologue de proximité, qui va approfondir le diagnostic et instruire l'opération ophtalmologique à faire. Ces ophtalmologues sont un autre millier de satellites. Cette organisation s'appuie sur deux constellations de satellites qui sont coordonnés, formés et outillés grâce à une architecture de données. Elle a porté ses fruits de manière exceptionnelle et fulgurante puisqu'Aravind a été reconnue[66], par la suite, comme l'entreprise privée d'opération ophtalmologique la plus performante au monde, tant sur l'aspect sanitaire qu'économique. Sa clientèle est constituée, pour une part, d'étrangers qui paient très cher une opération exceptionnelle des yeux et, pour l'autre part, d'Indiens pour la même opération réalisée de manière gratuite. Voici un bon exemple de réussite d'entreprise privée à raison d'être sociétale, grâce à cette organisation.

→ L'organisation de Vinci Énergies consiste en une constellation de PME entrepreneuriales à taille humaine (plus de 8 000 PME d'environ 20 personnes chacune dans les années 2000) appuyées par le siège… et non l'inverse (un siège social dont dépendent les PME), comme me le soutenait son équipe dirigeante il y a quelques années. Reste à savoir si cette entreprise a développé depuis une méga-architecture des données de toutes ses entreprises pour encore mieux les « augmenter » dans leurs performances et leurs expertises.

ZOOM

La nécessité d'une gouvernance suffisamment compétente sur ces enjeux liés aux données

La gouvernance des actifs numériques de l'entreprise est un véritable enjeu. Les défis de la confidentialité des données, des biais algorithmiques et de la cybersécurité augmentent les risques et même l'intervention et la réglementation des instances publiques. La gouvernance doit intégrer dans son spectre de compétences les notions stratégiques, opérationnelles, juridiques, éthiques et d'affaires, qui sont impliquées dans les décisions relatives aux produits, aux technologies et aux investissements. Cela passe aussi par un examen attentif des données qui doivent être stockées, préservées, partagées et avec qui, et de celles qui ne le doivent pas.

Les cinq dimensions de la transformation par les données pour l'entreprise

La multiplication abyssale des données en tout genre et leur démocratisation à tous les niveaux transforment plusieurs dimensions de l'entreprise.

Première dimension : le terrain de jeu stratégique

Elle permet de créer toutes les connexités possibles entre des périmètres stratégiques les plus variés et complémentaires possibles. Ces périmètres vont porter bien au-delà du périmètre du logement social, à l'image de Doctolib qui a largement dépassé le spectre initial de quelques cliniques. Les données d'une entreprise sur son seul périmètre (même pour l'entreprise la plus importante) ne suffisent pas pour ouvrir toutes les connexités possibles, et avec la taille critique suffisante en termes de diversité et de volume des données. Par contre, toute entreprise a intérêt à faire des mégadonnées connexes avec d'autres sur d'autres périmètres, et ainsi ne pas « souffrir d'un nouveau Doctolib dans son domaine ».

Deuxième dimension : la localisation future du cœur de valeur ajoutée

Pour reprendre l'exemple d'une entreprise sociale pour l'habitat, on peut penser que sa valeur ajoutée historique qui consiste à intégrer des acteurs au service du logement social pourrait être renversée demain par celle d'un intégrateur de données.

Celui qui sera l'intégrateur de mégadonnées
de différentes parties prenantes sur des périmètres élargis
deviendra le nouvel intégrateur des acteurs
sur un mégaspectre stratégique

Bonne nouvelle, il ne tient qu'à cette entreprise d'allier son spectre de données non seulement avec d'autres entreprises de son secteur pour augmenter la diversité et les occurrences, mais aussi avec des acteurs de domaines connexes, pour augmenter les connexités possibles entre les données de ces différents domaines et apporter une meilleure « valeur-expérience » aux clients.

Troisième dimension : l'organisation et l'efficience associée

Nous avons vu que bon nombre d'entreprises héritent du concept de chaîne de valeur intégrée, pour laquelle des progiciels ERP ont été développés. Ces progiciels ont été victimes, depuis plus de trente ans, d'une suraddition de process sans possibilité de soustraction des process inutiles. Cela entraîne une désaffection des hommes de ces entreprises qui se battent de plus en plus contre des moulins à vent avec des process qui n'ont aucun sens.

L'intelligence des données vous affranchit de cette problématique, vous permettant ainsi de regagner en complexité minimale pour une efficience réenchantée. En outre, elle permet de coordonner des opérations encore plus complexes, avec, en prime, une traçabilité imparable et non chronophage pour vos équipes, grâce à la *blockchain*. Nous avons également vu qu'elle permet de revenir à une organisation sous forme de constellation d'équipes à taille humaine, chacune étant en charge de A à Z de sa mission. En clair, elle redonne le sens à tous les niveaux dans l'entreprise, tout en coordonnant ces niveaux de manière automatique.

Quatrième dimension : la nature de notre attractivité sociale et de nos engagements collectifs

Alléger la complexité interne va libérer les personnes de tâches à faible valeur ajoutée et/ou à complexité inutile, tout en étant plus fiables dans les opérations et les interactions : elles disposent de plus de sérénité et de disponibilité pour accomplir des choses qui ont encore plus de sens, avec la faculté qu'a l'intelligence de données pour les « augmenter », à l'image de la raquette connectée concoctée par Babolat pour Rafael Nadal, ou encore à l'image de R2D2 dans Star Wars (les exploits héroïques de son maître seraient grandement diminués sans son fidèle compagnon, R2D2). Ainsi, nous pouvons consacrer plus de temps à favoriser les interactions sociales, et l'intelligence des données se met au service d'une meilleure expérience collective[67]. Par ailleurs, l'intelligence des données permet de piloter, de visualiser et de célébrer à quel point nos engagements collectifs nous font progresser au service de notre raison d'être. Tous ces éléments concourent à développer la valeur sociale que nous apportons à nos salariés, ainsi que leur engagement réciproque. Quand une entreprise « impose » un outil informatique inutilement complexe, cela nuit fatalement à son attractivité sociale, notamment chez les jeunes générations[68].

Cinquième dimension : nos capacités scientifiques au service de nos décisions et de nos innovations

Nous avons vu dans la première partie de l'ouvrage que, dans un monde qui bouge, nos décisions peuvent être biaisées à cause de nos évidences du passé, tout comme l'abeille persiste à vouloir aller vers la lumière alors que la carafe est retournée. Plus notre environnement bouge et plus une réelle approche scientifique[69] par l'intelligence des données nous permettra de purger nos fausses intuitions. L'intelligence des données apporte :

- une machine à étonnements qui fait venir l'innovation à nous[70] : nous avons vu la nécessité de réaliser des expérimentations désapprenantes sur des choses qui s'opposent à nos évidences rien que pour s'étonner. L'intelligence des données permet d'engager ces expérimentations à

grande échelle. Par exemple, Amazon expérimente régulièrement sur son site internet des anti-évidences à petite échelle en scrutant rigoureusement les étonnements issus des données de résultats apportés par ces expérimentations. C'est ainsi qu'est venue l'idée de vendre des livres d'occasion, laquelle a engendré l'idée d'une place de marché qu'est devenue Amazon par la suite ;
- une approche décisionnelle plus scientifique : il devient possible de créer notre entreprise virtuelle, et de simuler telle ou telle option stratégique pour modéliser sa portée, son impact et ses biais, avec une infinité d'options (par exemple, telle ou telle évolution réglementaire avec telle ou telle emphase sociale ou écologique) et de simulations possibles (par exemple, l'expérimentation par BMW d'une nouvelle usine de voitures dans la durée et sous toutes ses formes).

L'ensemble des données que nous aurons sur notre impact environnemental et sociétal et sur nos moyens associés engagés, nous permettra de discerner quels sont les meilleurs leviers d'amélioration de l'expression de notre raison d'être et de les piloter en harmonie avec nos contraintes économiques et la sensation d'accomplissement de nos équipes.

> *Rappel des prérequis pour jouer à bon escient avec cette discontinuité majeure*

1. Il est important de rendre l'équipe de direction, les équipes opérationnelles et le conseil d'administration suffisamment compétents et visionnaires pour voir « quelles nouvelles valeurs potentielles cela peut nous apporter ».

A contrario, on ne peut pas se permettre de tout confier et déléguer à notre équipe ou à notre prestataire informatique :

la maîtrise d'ouvrage de cette discontinuité dans notre entreprise est du ressort de la direction, et votre système de données va devenir le cœur de création de valeur de l'entreprise. Notons qu'aucune technologie n'a de valeur. Par conséquent, « mettre en œuvre l'intelligence des données de manière technologique », c'est travailler à l'envers. Il est préférable en première instance[71] d'identifier « quelles sont les nouvelles valeurs à apporter chez nous ou chez le client » pour ensuite voir « en quoi l'intelligence des données peut y répondre ».

2. Il faut commencer par apporter de la valeur sur des premiers micro-univers dans lesquels les données sont disponibles, en complétude, et faciles à intégrer.

Par micro-univers, il s'agit de constituer un microsystème de données, censé apporter une valeur d'utilité immédiate avec une complexité minimale. Ainsi, par la suite, nous pourrons progressivement développer une intelligence entre les micro-univers à travers un « système de microsystèmes ». Il s'agira de construire progressivement les quatre composantes suivantes de notre système ultime de données : architecture de données, algorithmes d'intelligence sur ces données (dont une partie existe en mode gratuit en *open source*), plateforme d'expérimentation (*machine learning*), infrastructure (stockage, sécurité et intégrité des données).

A contrario, comme nous l'avons vu, nous contenter de constituer un lac de données à côté de notre progiciel (ou ERP) en construisant un pont pour relier les deux non seulement nous empêche de surfer pleinement avec toutes les potentialités de cette mutation, mais aussi conduit inexorablement à un enlisement et donc à un retard stratégique[72] à plusieurs titres.

3. Pendant le parcours, il convient d'utiliser aussi des données externes pour en amplifier d'autant les potentialités d'intelligence, à savoir :

- les données externes déjà disponibles (par exemple, les données de l'État) ;

- les données d'autres entreprises y compris à l'échelle de l'Europe, pour favoriser la diversité et les occurrences des données de tous ;
- les données d'acteurs situés dans des périmètres connexes à notre entreprise, pour apporter de nouvelles valeurs grâce à la connexité de ces périmètres.

A contrario, « nous contenter de nos données pour forger notre système de données », c'est par essence nous placer en déni des potentialités multidimensionnelles de l'intelligence des données, et c'est nous exposer à dépendre de celui qui aura développé la connexité des données, notamment celles de périmètres connexes, à notre place (cf. Doctolib dans la santé).

4. Comme évoqué précédemment, nous aurons plus à gagner à apporter de nouvelles valeurs grâce à la richesse des données qu'à vendre ces données. Précisons que l'eldorado consistant à faire l'acquisition des données de millions d'utilisateurs (pour les revaloriser en les revendant ou en vendant de la publicité ciblée) va connaître des perspectives de plus en plus difficiles, à cause des réglementations qui, si elles ont mis du temps à réagir, sont en train de sévir, avec notamment le Digital Service Act[73] au niveau européen qui contraint dorénavant ces plates-formes sur plusieurs dimensions, avec sanctions et amendes à l'appui.

CHAPITRE 4

LA SUITE DU PARCOURS D'ÉTONNEMENTS COLLECTIFS

Le chapitre précédent s'est consacré aux expéditions d'étonnements sur les nouveaux possibles apportés par l'intelligence des données. Bien entendu, il s'agit de partager d'autres expéditions d'étonnements sur d'autres domaines, que chacun pourra faire à titre individuel pour partager le fruit de ses étonnements avec le collectif. Revenons au cas d'une entreprise sociale pour l'habitat afin de vous donner un aperçu de ces autres expéditions.

Étonnements sur des champions éloignés

Quels étonnements peut-on tirer de ces champions éloignés, acteurs qui sont dans d'autres secteurs que le nôtre et qui font telle ou telle chose beaucoup mieux que nous et nos concurrents en le faisant autrement? Précisons que cette approche se différencie du benchmark: au lieu de nous comparer à d'autres acteurs de notre secteur, nous allons nous étonner de ce que font des acteurs dans des secteurs bien plus avancés que le nôtre sur ce qu'ils font de différent de nous. Dans le cadre de l'étude pour les entreprises sociales de l'habitat, allons nous étonner sur des champions éloignés pour:

- aborder des projets de maîtrise d'ouvrage complexe Space X *versus* Ariane; SSII dans la maîtrise d'ouvrage de projets informatiques complexes; gros cabinets d'ingénierie qui s'engagent sur des projets lourds à durée d'exploitation longue);

- réinventer la gestion locative (magestionlocative.fr ; zelok.fr) ;
- digitaliser la gestion foncière[74] (La Foncière numérique, Greystar Real Estate Partners) ;
- gérer des problématiques communautaires au quotidien et dans la durée.

Étonnements sur de nouvelles intermédiations à valeur ajoutée

Depuis quelques années, des plates-formes sont apparues pour proposer des intermédiations nouvelles entre tel type d'acteur et tel autre type d'acteur, en leur apportant de la valeur respective (Airbnb, BlaBlaCar, etc.) et en se positionnant comme un tiers de confiance vis-à-vis d'eux.

Quelles nouvelles intermédiations pourraient voir le jour au niveau de la construction et de l'exploitation d'un bâtiment demain (cf. étude[75] indiquant que la construction aura besoin, en tant que telle, de son propre Airbnb des métiers de la construction) ? Au niveau de la maîtrise d'ouvrage demain ? Au niveau des services autour du logement et du social en général demain ? Quels impacts et perspectives pour les entreprises au niveau stratégique[76] ? Quels étonnements nous donnent des plates-formes dédiées à l'intermédiation B2B ou B2B2C ? Comment font-elles pour assumer le rôle de tiers de confiance ?

→ Airbnb ; CREADS, *crowdsourcing* de logo ; Keytoform, plate-forme d'intermédiation pour la formation des employés ; Alimama, plate-forme de publicité en ligne ; Shopify, utilisé par Tesla, Motorola, Adidas et L'Oréal ; Globalmarket, B2B pour industriels.

Étonnements sur l'hybridation de la relation client physique et digitale et sur les nouvelles relations client au quotidien

Quels étonnements peut-on tirer des acteurs qui savent gérer toute la relation client de manière digitale de A à Z ?

→ Intuit, solution de compta et finance personnelle ; Néo banques ; Tesla.

Quels étonnements en termes de capacité à être proactif dans la relation client ?

→ Peloton Bike permet de faire du vélo d'appartement tout en étant plongé dans une réalité externe addictive à se battre pour franchir le col du Tourmalet face à d'autres cyclistes d'appartement. Même chose dans le fitness avec Mirror Fitness. Le jeu vidéo Fortnite sait captiver les joueurs dans l'exercice du jeu.

Quels étonnements en termes de capacité à gérer des situations critiques et complexes à distance, comme le fait International SOS, équivalent d'Europ assistance devenu leader dans son domaine ?

Quels étonnements peut-on tirer des acteurs qui ont su choyer la relation client la plus physique et humanisée possible ?

→ Leaders de la vente animée à domicile : Avon, Herbalife, Vorwerk Thermomix, Natura, Guy Demarle ; Burtzoorg, soins à domicile ; animateurs dans des incubateurs de start-up, voire accélérateurs.

Étonnements sur les modèles et les leviers d'agilité pour l'entreprise

Quels étonnements peut-on tirer des organisations les plus légères en complexité interne[77] et de fait les plus agiles, comme Zara[78], Southwest Airlines[79] ? De celles qui savent absorber des projets, des challenges complexes, comme Space X, des SSII ou de gros cabinets d'ingénierie qui font de la maîtrise d'ouvrage de projets complexes ?

Quelles sont les vertus, les contraintes et les limites[80] de l'holacratie et de l'entreprise libérée ? Quels étonnements tirer des entreprises de ce type les plus avancées, comme Zappos, talkSpirit et holaSpirit, Ternary Software, pour l'holacratie, et Buurtzorg, Bretagne Ateliers, pour l'entreprise libérée ? Et concernant les méthodes agiles en gestion de projet[81] et les équipes autogérées (par exemple, Wholesale Grocers, General Mills) ?

Quels étonnements peut-on tirer des nouveaux outils de collaborativité et de communauté agile appliqués à l'entreprise : Trello sur la gestion et la planification des tâches ; Slack, plate-forme de communication collaborative ; Streak, CRM client ; G suite for Education ?

Étonnements sur la qualité et le sens de la vie, et sur la nouvelle relation au travail et à l'entreprise

Quelle mutation demain concernant le management et la dynamisation des ressources humaines en général ? Quels étonnements ressortent d'études récentes[82] sur cette question ? Quels sont les impacts inattendus des technologies sur cette dimension[83] ?

Quelle mutation demain concernant le management et la dynamisation des ressources humaines en général ?

Quels étonnements sont issus des pratiques des entreprises qui ont des métiers a priori peu attrayants et qui ont su rendre leurs hommes fiers de leur accomplissement ?

→ Burtzoorg, entreprise de soins à domicile avec 10 000 infirmiers et 65 000 patients aux Pays-Bas ; Avilog, transport de poulets en fermes et en abattoirs (pour lequel j'ai travaillé et qui est éloquent en ce sens) ; Paprec Recyclage.

D'un autre côté, quels étonnements sont issus des pratiques d'entreprises qui prodiguent des postes hypercourtisés connaissant une surenchère du salaire ?

→ Prestataires en IA et Big Data, dont les expertises propres sont très courtisées ; clubs de foot qui ont su performer sans tomber dans la surenchère des salaires.

Étonnements sur le développement sociétal, écologique et économique de nos territoires

Quels seront les principaux enjeux de développement économique, écologique et sociétal de nos territoires et quels seront les principaux enjeux des acteurs territoriaux ?

→ Comment Oyonnax, « plastic valley » française s'est réinventée ? Quels étonnements tirer des problèmes de la vallée de l'Arve ? Quels étonnements nous donnent les villes les plus audacieuses en développement sociétal, écologique ? Medellín a su se sortir d'une situation catastrophique en Colombie. Bristol prévoit zéro émission nette à 2030. Melbourne lutte contre l'effet d'îlot de chaleur urbain. Washington DC crée des fermes urbaines et des jardins communautaires pour une alimentation plus saine et plus accessible pour tous. Barcelone transforme quelques blocs de logements en un SuperBlock[84] à circulation automobile sciemment défavorisée en interne, permettant de mieux profiter de la vie de quartier, de réduire la pollution de l'air et l'effet d'îlot de chaleur urbain, et d'améliorer la biodiversité locale. Bâle a promulgué une loi obligeant d'avoir un toit vert. Hambourg souhaite réduire les risques d'inondation.

Que nous apprennent les acteurs de l'économie solidaire dans d'autres domaines ?

→ C'est Qui Le Patron est une initiative partie des consommateurs pour reprendre la main sur leurs actes d'achat en décidant eux-mêmes de la composition des produits en rayon et pour permettre aux producteurs d'être rémunérés à la juste valeur de leur travail. On trouve aussi des associations de défense et de promotion des agriculteurs de type AMAP, des supermarchés solidaires, ou encore Bretagne Ateliers, une entreprise adaptée, Feuille d'Érable, etc.

Étonnements sur la coopétition et l'impact collectif

La coopétition se définit comme étant la capacité à combiner au mieux la coopération et la compétition entre entreprises différentes, pour permettre à chacune d'elles d'en tirer le meilleur, en valorisant sa singularité tout en trouvant des synergies avec les autres.

Quels étonnements nous viennent des vrais clusters mondiaux qui excellent en coopétition effective ?

→ Cluster du transport maritime ou des fleurs en Hollande, machines d'emballage à Bologne, composants électroniques au Japon, mode et cuir en Italie, vin en Californie, dispositifs médicaux à Minneapolis, équipement pour le golf à San Diego.

Quels étonnements nous viennent des gros incubateurs de start-up, comme Y Combinator aux États-Unis ou Station F en France ?

Quels étonnements sont issus des approches de coopétition qui réussissent[85], comme Redhat leader de l'*open source*, le gorgonzola, le comté ?

Au même titre que pour les coopétitions, quels étonnements tirer des initiatives réussies en impact collectif (cf. chapitre 2) ?

→ Yara, entreprise de fertilisant, a su réunir 68 organisations (multinationales, groupes de la société civile, agences d'aide internationale, gouvernement tanzanien) pour mieux valoriser la production agricole en Tanzanie (SAGCOT). CocoaAction rassemble neuf fabricants mondiaux de chocolat et de nombreuses organisations partenaires pour accroître la productivité agricole du cacao et soutenir les communautés en Côte d'Ivoire et au Ghana.

→ Nous avons vu précédemment le programme WSU, initialement né pour mettre fin aux disparités raciales en matière d'espérance de vie dans l'ouest de Chicago. La démarche a été élargie par la suite à tout Chicago et à l'équité raciale (RERR). Quels autres acteurs et institutions pourrait-on coaliser pour quel impact collectif, pour favoriser le bien-être collectif, l'entraide sociale au service des gens du quartier, comme le *cofarming*, le *cocooking*, le *shared kitchen*, le *cocaring*, le *coliving* ?

EN CONCLUSION DE LA PARTIE 2

Plus notre monde bouge, plus nous nous raccrochons à ce que nous croyons savoir. Or, comme le dit Stephen Hawking, « le premier ennemi de la connaissance n'est pas l'ignorance, mais l'illusion de la connaissance ». D'où l'antidote suivant: plus notre monde bouge, plus nous gagnons à aller nous étonner de ce que nous ne savons pas que nous ne le savons pas, pour purger nos fausses croyances et ouvrir les nouveaux possibles.

À défaut de pratiquer assidûment cet antidote, plusieurs décennies nous montrent les limites avérées de se contenter de faire de la prospective: aucune prospective n'avait prédit l'arrivée de Microsoft qui a ébranlé IBM, ni les arrivées de Google, de Facebook, du cloud inventé par Amazon ou encore de TikTok, qui ont pourtant tout changé. Ces créations sont nées d'un rêve de nouveau possible, sans chercher à ébranler qui que ce soit, et non pas d'une quelconque prospective. Tout le monde nous a prédit que le métavers serait la révolution pendant près de trois ans d'affilée, quand arrive ChatGPT, qui est une révolution que personne n'avait prédite ni même imaginée… quand les promesses de métavers se traduisent aujourd'hui en gouffre financier et en flop d'utilisation.

Avant de nous précipiter dans la créativité stratégique, il devient donc urgent de prendre le temps de faire fonctionner la machine à étonnements collectifs, pour à la fois purger nos croyances limitantes et ouvrir de nouveaux possibles: ChatGPT est né de ce parcours d'étonnements sur l'intelligence des données qui a duré plusieurs années avant son succès fulgurant.

Précisons que si les entreprises ont coutume de réaliser des *Learning Expéditions*, ici, il s'agit d'une démarche différente, faire des *Unlearning Expéditions*, c'est-à-dire faire des expéditions qui vont détromper nos évidences, avec une rigueur absolue à l'étonnement : écrire avant l'expédition ce que je pense découvrir, puis constater pendant l'expédition toutes les choses qui diffèrent de ce que je pensais découvrir. Lors de ces expéditions, saisir les étonnements est donc bien plus important que trouver des idées.

Sortir de la carafe en faisant preuve de rigueur à l'étonnement devient une qualité requise pour réussir dans un monde qui bouge, non seulement au niveau de chacun dans l'entreprise, mais aussi au niveau de l'équipe de direction. Il est également essentiel de prendre le temps de bien identifier les cibles ou les sujets qui sont censés nourrir au mieux nos étonnements (cf. les sujets d'expéditions illustrées précédemment pour une entreprise sociale pour l'habitat). Une étude récente intitulée l'effet des réverbères[86] révèle que, quand bien même nous sortons de la « partie éclairée de notre réverbère », à savoir de nos filtres de pensée collective, nous nous dirigeons automatiquement vers d'autres réverbères allumés, c'est-à-dire les choses qui sont déjà évidentes et faciles à voir, alors qu'il est nécessaire d'aller à la rencontre de tout ce qui se situe dans l'obscurité, c'est-à-dire des choses qui paraissent non évidentes et difficiles à percevoir.

Comme le dit Arthur Schopenhauer, philosophe du XIXe siècle, « toute vérité passe par trois étapes, d'abord elle est ridiculisée, ensuite elle est violemment combattue et enfin elle est acceptée comme une évidence ». Cela signifie qu'il s'agit bel et bien de se mettre en errance vers tout ce qui n'est pas évident, car c'est de là que résulteront de nouvelles évidences demain. Cette étude sur l'effet des réverbères insiste sur le fait qu'à défaut de prendre le temps de le faire, nous avons une vision non systémique de notre monde qui bouge, ce qui nous amène fatalement à des décisions scabreuses après coup.

Une autre étude révèle justement que c'est un biais[87] de notre intuition face à des situations complexes, comme celles de notre environnement qui bouge. D'où les propos d'Albert Einstein : « Si j'avais une heure pour résoudre un problème dont ma vie dépendait, je passerais les 55 premières minutes à chercher la meilleure question à me poser, et lorsque je l'aurais trouvée il me suffirait de 5 minutes pour y répondre. »

Insistons sur le fait que chacun fait sa propre expédition sur un sujet qu'il choisit pour aller s'étonner dessus, afin que chacun développe cette qualité et trouve du goût à cultiver sa propre curiosité. Il s'agit donc de faire de chaque individu un acteur de sa propre curiosité, plutôt que de faire de la « curiosité assistée » (emmener des gens dans un voyage de *Learning Expeditions* organisé).

Ensuite, bien entendu, vient la dimension collective : partager nos étonnements et rebondir sur les étonnements des autres pour définir d'autres cibles d'expédition. En différant de la sorte la créativité et la recherche de solution (l'équivalent des 55 premières minutes de l'heure disponible), nous avons créé les conditions pour qu'elles soient transcendées.

Pratiquer la curiosité individuelle partagée en collectif vous apporte[88] de nombreux bénéfices sur le plan humain : réduction des conflits, communication plus libre et meilleure performance collective, moins d'erreurs dans la prise de décision, plus d'innovation et de changements bénéfiques.

PARTIE 3

Quel projet d'entreprise pour construire une nouvelle valeur à long terme en lien avec notre raison d'être ?

CHAPITRE 5

IDENTIFIER LES DISCONTINUITÉS MAJEURES DE L'ENVIRONNEMENT NÉCESSITANT DE PIVOTER POUR SURFER AVEC LEURS POTENTIALITÉS

Nous avons vu précédemment un parcours sous forme d'un ensemble d'expéditions d'étonnements partagés entre des volontaires pour réaliser son expédition et rapporter tous ses étonnements associés.

Ainsi, à l'issue de sa propre expédition, chaque volontaire transmet aux autres son livrable écrit, reprenant son parcours et tous les étonnements associés, et une réunion s'ensuit avec les autres volontaires. Lors de la réunion, chacun découvre de manière écrite, non verbale, les inattendus de ses pairs sur le sujet et interagit dessus de manière écrite afin d'enrichir d'autant les étonnements. L'interaction peut consister à rajouter une idée, à approuver telle chose, à poser une question ou encore à poser une contrainte clé. Ensuite, le groupe revient sur chaque livrable d'expédition d'étonnement ainsi annoté par les interactions des autres : l'auteur de l'expédition rebondit sur les interactions qu'ont apportées les autres, puis ensemble le groupe conclut en répondant à deux questions ultimes :

– compte tenu des étonnements de cette expédition, quelle(s) discontinuité(s) majeure(s) peut(vent) impacter l'entreprise dans les années à venir ?

– à quelles autres expéditions d'étonnement cette expédition appelle pour la suite ?

Nous nous sommes prêtés à cet exercice avec le groupe de dirigeants d'entreprises sociales pour l'habitat. Après avoir itéré les expéditions d'étonnement, nous nous sommes réunis à nouveau pour énoncer, à partir de tous les étonnements ainsi découverts, les discontinuités majeures de l'environnement de nos entreprises à plus dix ans. Les discontinuités majeures sont celles qui répondent au cahier des charges suivant :

– elles sont en discontinuité importante par rapport à l'existant de notre entreprise (cf. étonnements) ;
– elles auront un fort impact sur l'environnement de notre entreprise ;
– elles sont fortement probables.

Par la suite, nous avons évalué les unes comparativement aux autres, à travers la matrice suivante (cf. figure 8) :

– première variable en abscisse : le niveau de probabilité de la discontinuité (probabilité forte : 5 ; probabilité faible : 0) ;

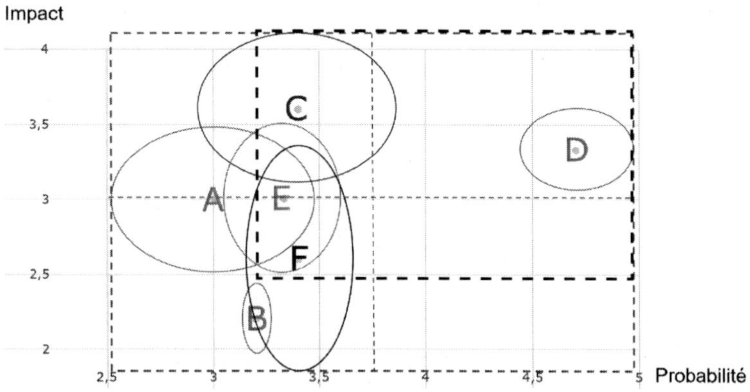

Figure 8. Matrice pour identifier les discontinuités majeures constituée avec un groupe de dirigeants d'entreprises sociales pour l'habitat

– seconde variable en ordonnée : le niveau d'impact sur l'environnement entreprise (impact fort : 5 ; impact faible : 0).

La taille des ogives représente l'importance de l'écart-type des évaluations entre les évaluations individuelles : plus l'ogive est grosse, plus les évaluations diffèrent.

Ainsi, nous avons retenu comme discontinuités majeures (rectangle en pointillé épais en haut et à droite) dans l'ordre : D, C, E, puis F.

S'ensuit une phase qui consiste à poser chaque discontinuité majeure, dont voici quelques illustrations qui peuvent inspirer votre entreprise.

Première discontinuité majeure

La prolifération des données et du digital entraînant la déconstruction de la chaîne de valeur historique et ouvrant de nouvelles créations de valeur possibles pour l'entreprise

Cette discontinuité correspond aux étonnements obtenus dans le chapitre 3. Pour rappel, elle va fortement impacter :

– le terrain de jeu stratégique : disparition des frontières concurrentielles, et diktat de celui qui a la plus grande connexité des données et du plus grand nombre d'occurrences ;
– la localisation future de la valeur ajoutée : hier, intégrateur d'acteurs, demain, intégrateur de données ;
– le modèle d'organisation et l'efficience associée : hier, chaîne de process intégrés et progiciel associé avec de multiples complexités additionnées, demain, constellation d'unités à taille humaine libérées de la complexité et coordonnées grâce aux données ;
– la nature de l'attractivité sociale et des engagements collectifs :
  - réduire la complexité interne et meilleure capacité à appréhender la complexité externe ;

  - favoriser les interactions sociales ;
  - mieux piloter-célébrer le sens, c'est-à-dire nos avancées au service de notre raison d'être ;
- les capacités « scientifiques » au service des décisions et des innovations :
  - endiguer les fausses intuitions (c'est-à-dire continuer à aller vers la lumière alors que la carafe a été retournée) ;
  - se nourrir des étonnements que mérite l'environnement qui bouge et disposer d'une machine à expérimentations régulières et en quantité, afin que les innovations viennent à nous ;
  - mieux décider sur les causalités permettant d'apporter une meilleure valeur multidimensionnelle : valeur clients, valeur salariés, valeur sociétale et écologique, valeur économique.

Deuxième discontinuité majeure

La relation client qui exige d'être encore plus performant sur chaque extrémité de la dimension client

Précisons que cette discontinuité concerne tous les acteurs de la chaîne client (par exemple, locataires, élus, etc.). Quel que soit l'un de ces acteurs clients, la première extrémité de la relation avec lui concerne la partie « matérielle » ou « usage » de sa vie, dont voici un nouvel enjeu : les applications digitales ne tombent jamais en panne, que ce soit TikTok, Facebook, Netflix ou encore Gmail, Fortnite, Animal Crossing. Leur utilisation omniprésente dans notre quotidien fait que le zéro panne est devenu le référentiel standard de tout client. Par conséquent, un résident peut enguirlander l'entreprise à cause d'une chasse d'eau qui fuit, tout simplement car il est intimement habitué à tous ses usages digitaux qui ne tombent jamais en panne.

→ Suite à un échange avec des dirigeants en charge de la relation client chez Amazon, j'ai découvert il y a quelques années que, sur un million de transactions clients réalisées sur Amazon, seulement deux clients ont un problème, à telle enseigne que quiconque veut acheter un cadeau pour l'offrir à son enfant à Noël ira l'acheter chez Amazon pour être sûr de ne pas décevoir son enfant. Bien entendu, ce chiffre reste à vérifier, mais on sait que, lors des débuts d'Amazon, par souci d'honorer de manière irréprochable toutes les livraisons de Noël quelle que soit la volumétrie, Amazon avait investi dans une infrastructure informatique à très grande échelle pour tenir le zéro reproche, quelles que soient les quantités de commandes. Dès le mois de janvier, Amazon se retrouvait alors avec des infrastructures démesurées et non utilisées. Elle a donc pris l'initiative de louer ses infrastructures en inventant de la sorte le « cloud » avec Amazon Web Services.

Par conséquent, l'irréprochabilité client sur la partie matérielle de sa vie devient un avantage concurrentiel qui nécessite de nous discontinuer du concept historique de « satisfaction client » : cette dernière est un outil de gestion avec une tendance des entreprises à multiplier les offres clients en voulant mieux les satisfaire… Or, demain, il vaut mieux peu d'offres irréprochables que plein d'offres reprochées. L'irréprochabilité est bien plus qu'un outil de gestion, c'est un état d'esprit.

À défaut, ce sont les forces obscures des réseaux sociaux qui peuvent dénoncer notre entreprise auprès du plus grand nombre, à tort ou à raison, et jusqu'aux oreilles des acteurs territoriaux qui font bien partie des clients.

Cette première extrémité, la partie matérielle de la vie, sera de plus en plus honorée *via* le concours du digital qui permettra :

– d'être encore plus irréprochable et transparent vis-à-vis du client (traçabilité imparable et non chronophage évoquée dans le chapitre 3) ;

- de personnaliser cette partie matérielle en fonction du profil client, de son parcours et de sa situation dans son parcours. La personnalisation, elle aussi, fait partie du référentiel du client, comme il en bénéficie quotidiennement avec ses applications digitales, par exemple pour écouter la musique qu'il souhaite ;
- de rendre compte auprès de différents acteurs clients de ce qui a été engagé et de la performance qui a été délivrée ;
- d'apporter de nouveaux services, à zéro coût variable (pas d'intervention humaine) et potentiellement connexes au logement (cf. chapitre 3).

La seconde extrémité concerne la relation avec toute la partie émotionnelle de la vie du client, et de son parcours de vie avec son collectif. Elle appelle des compétences encore plus poussées pour écouter, coacher et susciter des choses émotionnelles auprès des clients.

Il s'agira de faire la passation de témoin la plus cohérente pour chaque client entre la première extrémité, irréprochabilité et expérience digitale encore plus poussées dans la partie matérielle de la vie, et la seconde extrémité, écoute et interaction encore plus poussées sur la partie émotionnelle de la vie. Plus la première extrémité va se développer et plus les clients auront besoin de la seconde (cf. les désillusions récentes des télétravailleurs). Notons que la performance dans la première extrémité va nous libérer de toute relation client toxique liée à la partie matérielle, pour mieux nous consacrer à la seconde. Elle permet aussi de convertir d'anciens coûts variables, ceux qui étaient consacrés à la partie matérielle et ont ainsi été remplacés par du digital, vers une meilleure relation émotionnelle client.

Troisième discontinuité majeure

La mutation du moteur qui anime les employés en entreprise

Tous les signaux[89] montrent que les valeurs d'appartenance à l'entreprise, de relation au travail et d'engagement avec le collectif d'entreprise sont en train de changer, à telle enseigne que nombre d'entreprises s'échinent à développer leur marque employeur et leur attractivité sociale.

Avec du recul, certaines personnes réalisent que l'on met la charrue avant les bœufs : l'attractivité sociale n'est que la résultante de la valeur sociale que l'on apporte aux salariés. Au lieu de « marketer au mieux » notre marque employeur, ne ferait-on pas mieux « d'apporter plus de valeur à nos salariés » ? À ce titre, alertons-nous d'une étude[90] qui révèle que plus l'entreprise fait preuve d'un grand écart entre « ce qu'elle dit qu'elle est ou qu'elle promet » et « ce qu'elle fait », et plus ses salariés ressentent une sensation d'hypocrisie et une posture de défiance silencieuse vis-à-vis de ce qui n'est plus leur entreprise et de l'équipe dirigeante.

> → Lors de la dernière cérémonie de remise des diplômes dans la célèbre école d'ingénieurs AgroParisTech, des étudiants ont fait un discours par lequel ils refusent les « jobs destructeurs » qui leur sont promis. On pourrait penser que c'est un acte isolé, peut-être motivé par un besoin de briller devant les autres. Pour autant, cet appel n'est pas un acte isolé et il a été vu plus de 12 millions de fois en deux mois de temps.

« Les gens qui sont assez fous pour croire qu'ils peuvent changer le monde sont en général ceux qui le font changer », disait Steve Jobs. Bien entendu, il s'agit non pas de dire ce à quoi on croit, mais de le faire.

Notons que cette course à l'attractivité sociale devient une forme de nouvelle concurrence industrielle, qui va forcément nous affecter : les discontinuités majeures dans leur ensemble sont telles que l'entreprise aura besoin de nouvelles compétences et cherchera à développer de nouveaux métiers. Or, la surenchère entre les offreurs vis-à-vis des demandeurs va fatalement surenchérir les salaires sur telle ou telle expertise (par exemple, *data scientist*). Quand bien même certains postes pourraient être rémunérés plus cher, cela posera une question d'équité sociale par rapport aux autres postes.

Il s'agit donc de réenchanter la valeur sociale de l'entreprise vis-à-vis de ses salariés, dont résultera une meilleure attractivité sociale. Revenons au cas de l'entreprise sociale pour l'habitat pour illustrer quelles pourraient être les réponses. Vous pourrez constater que seule la dernière concerne la gestion des ressources humaines à proprement parler.

1. Orienter et engager notre entreprise pour la rapprocher d'une cause sociétale et environnementale encore plus cruciale

- Se fixer une cause sociétale sous forme d'un défi à long terme paraît être une clé, à condition de la décliner sous forme d'un microdéfi à faire au plus tôt et ainsi de suite. Rappelons qu'annoncer une litanie de belles promesses à long terme créera un décalage avec « ce que l'on fait » et, par voie de conséquence, des sensations d'hypocrisie et des postures de défiance au niveau du personnel.
- Nous diversifier dans d'autres domaines qui permettent de répondre à des causes encore plus impactantes que celles de notre domaine actuel. Il est recommandé de faire cette diversification à partir du cœur de compétences. Imaginons que le nôtre soit « de mener et de réaliser des projets de maîtrise d'ouvrage territoriaux au service de plusieurs parties prenantes et sur des cycles longs ». Quelle cause encore plus cruciale demain ce cœur permettrait-il d'adresser ? En guise d'illustration, sans aucune prétention quant à sa pertinence, la diversification pourrait consister à ce que l'entreprise prenne en charge l'intégralité des

enjeux écologiques, énergétiques et sociétaux d'un quartier complet sur un cycle long afin de relever les défis associés, notamment :

- la coproduction de ressources par le quartier lui-même : eau, énergies (solaire, thermique, aéraulique), déchets (gaz, produits dérivés), etc. ;
- le partage de ces ressources en local (*smart grid* et *blockchain*) : cf. l'initiative récente de Nantes métropole habitat qui partage l'énergie solaire d'un de ses immeubles (autoconsommation collective) ;
- une meilleure sobriété (20 % du volume d'eau potable perdu[91] en raison des fuites dans des réseaux vieillissants, etc.) ;
- l'implication collective et responsable des personnes sur l'ensemble du cycle de vie du quartier (y compris sa conception).

→ Les eaux usées recyclées sont habituellement rejetées dans les cours d'eau, or elles pourraient servir à d'autres usages, si elles étaient traitées. Un rapport en 2010 de la FAO[92] estime que, si on les employait pour l'irrigation agricole, on économiserait 30 % des engrais azotés et 15 % d'engrais phosphatés actuels. Traiter ces eaux va devenir une obligation pour les communes, ne serait-ce que pour faire face à la sécheresse. Toutefois, selon le Centre d'information sur l'eau, la France ne le fait aujourd'hui qu'à 0,3 % (*versus* Italie 8 %, c'est-à-dire 27 fois plus, Espagne 14 %, Israël 80 %). La cité de Singapour a été précurseur dans ce domaine il y a près de vingt ans, avec son projet NEWater qui répond au tiers des besoins en eau[93] de Singapour. Une chercheuse[94] expliquait récemment que l'on pourrait aller encore plus loin et développer la technique de « potabilisation ».

Si l'entreprise adopte un tel scénario de positionnement à long terme, rappelons (cf. première partie de l'ouvrage) que nous devrons le dégrader utilement pour le « commencer petitement» à court terme, et permettre son augmentation progressive vers la cible à long terme: par exemple, en commençant par proposer de la prestation d'ingénierie multi-enjeux territoriaux et en s'associant à des entreprises complémentaires, en commençant par un premier niveau d'intégration de ces enjeux sur un microquartier ou une zone industrielle, etc.

- Renoncer aux activités, aux clients, aux actifs de l'entreprise qui sont incompatibles avec les causes sociétales et environnementales de demain, quitte à renoncer de manière progressive et planifiée. Rappelons qu'à défaut de renoncer, nous engendrons une perception d'ambivalence pour les salariés, laquelle suscite une sensation de défiance de leur part par rapport aux causes que nous prétendons porter.
- Faire est 10 fois mieux que dire: nous avons certes vu la nécessité de nous doter d'un B à long terme, que nous allons rétrograder par un premier petit B réalisable à court terme. Pour autant, évitons l'écart entre ce que l'on fait et ce que l'on dit: la prolifération de déclarations d'intentions de B de nombre d'entreprises rend de plus en plus suspecte l'annonce d'un B aujourd'hui, ce qui n'était pas le cas il y a dix ou vingt ans. Je me demande s'il ne serait pas préférable de garder secret le B: plutôt que dire le B à long terme, faire le premier B, et ainsi de suite, ce qui revient à crédibiliser la valeur sociale. Notons que c'est ce qu'a fait Steve Jobs lors de son retour chez Apple (cf. Partie 1): s'attacher à faire l'iPod (premier petit B) pour ensuite l'annoncer, puis faire l'iPhone (deuxième marche vers le B), puis l'iPad (troisième marche vers le B), plutôt que d'annoncer son B à long terme d'entrée de jeu.

  Comme le dit Peter Drucker[95], nous ne pouvons pas manager ce que nous ne pouvons mesurer, attachons-nous donc à mesurer l'écart entre ce que l'on dit et ce que l'on fait dans notre entreprise, pour manager au mieux la réduction de cet écart.

2. Favoriser et développer la proportion de donneurs dans notre entreprise, qui sont plus là pour « apporter aux autres », par opposition aux preneurs qui sont plus là « pour prendre »

Une étude[96] révèle que les entreprises qui ont plus de donneurs en proportion sont plus attractives, plus performantes et innovantes. Souvenons-nous des propos de John Doerr sur les missionnaires.

Les missionnaires s'enrichissent beaucoup mieux que les mercenaires, car ce n'est pas leur cause, c'est la conséquence[97].

À ce titre, il témoigne : « À chaque fois que je rencontrais une start-up, j'essayais de vérifier si l'équipe qui la portait avait une posture missionnaire ou mercenaire. La première est portée par le sens de ce qu'elle veut apporter à travers son projet et elle sait que cela prend du temps pour y arriver. La seconde est portée par la valorisation et elle est obnubilée par la concurrence et la levée de fonds. Personnellement, je n'ai jamais investi dans une start-up mercenaire, c'est peut-être la clé de mon succès en tant qu'investisseur. »

Voici quelques voies pour démultiplier les donneurs au sein de l'entreprise.

- En premier lieu, il convient de démultiplier les managers donneurs : à défaut, les managers preneurs vont susciter des postures de preneurs et dissuader les donneurs de continuer dans l'entreprise. Notons qu'un manager qui rajoute sans cesse des choses à faire est un preneur, et qu'un manager qui aide à enlever des choses, permettant de mieux accomplir des choses importantes, est un donneur (cf. point 3 qui suit, réduire la complexité).
- Les entreprises qui cherchent à croître en premier sont mercenaires-preneuses. Elles feraient mieux d'apporter en

premier pour croître. Une étude récente sur la problématique de notre planète qui ne peut plus supporter ce qu'on lui inflige démontre les propos suivants.

Les entreprises qui prospéreront demain seront celles qui donnent plus qu'elles ne prennent au monde[98].

- Nous assurer que notre raison d'être incarne bien « quelle est notre énergie à apporter quoi à travers l'entreprise, quelles que soient les époques », ou dit autrement « l'objet de notre don passionnel et existentiel ». À défaut, notre raison d'être est plutôt une raison de communiquer, et suscite de la défiance silencieuse. Rappelons qu'en première partie de l'ouvrage il est indiqué que l'objet de ce don sert de cahier des charges de notre B : celui-ci doit amplifier ce qui nous anime à donner (pour rappel, le deuxième élément du cahier des charges étant la question stratégique à laquelle celui-ci doit répondre).

  Il semble que les termes « raison d'être », « mission », « vision », « *why* », soient de plus en plus employés, avec un sens et un périmètre qui diffèrent, selon les uns et les autres. Avec d'autres confrères en stratégie, nous nous sommes donc attachés à chercher les corpus académiques de chacun d'eux : il s'avère qu'il n'y en a pas et cela diffère selon les instances qui les proclament. Notons que le célèbre *Why* de Simon Sinek est la propre vision de ce dernier dans son ouvrage *Start with why*, certes à fort succès, mais sans véritable étude scientifique, plutôt avec des exemples sur lesquels l'auteur « plaque » sa thèse. Bien sûr, sa proposition est intéressante, elle s'inspire d'ailleurs de F. Nietzsche : celui qui possède un pourquoi qui le fait vivre peut supporter tous les comment. Pour autant, quels sont le sens et le périmètre du *why* au niveau d'une entreprise et d'un collectif ? La seule véritable origine suffisamment scientifique se situe dans un ouvrage best-seller de

1989, *Built to Last*, qui s'est attaché à analyser ce qui fait que certaines entreprises savent durer plusieurs siècles : il en ressort que ce sont celles qui savent cultiver leur « énergie originelle à apporter quoi » de manière permanente et intacte.

Comme dit le proverbe, « donner c'est donner, reprendre c'est voler », alors « dire qu'on donne n'est pas donner ». Cela doit nous alerter, si notre raison d'être est plutôt l'objet de dire en externe ou de faire. À ce titre, *quid* du *Why* en tant que faire de Simon Sinek, quand on sait que ce dernier vient du monde de la publicité ? Par curiosité, je suis allé chercher quelle est la raison d'être communiquée par certaines entreprises :

- par Orpea, la bienveillance, alors qu'elle a été dénoncée par ses salariés pour des pratiques économiques au détriment du bien-être des retraités ;
- par Toblerone, qui a sciemment augmenté le vide dans ses emballages pour mettre moins de produit de manière non perçue par le client, aimer le client (raison d'être du groupe Mondelez).

À la décharge des dirigeants de ces entreprises, les neurosciences démontrent que plus vous vous répétez une chose, par exemple « bienveillance » ou « aimer le client », et plus cela vous convainc que c'est votre réalité[99]. D'où l'antidote proposé plus loin : célébrer les avancées sur ce qui a été fait, plutôt que répéter l'objet du dire.

Bien entendu, une entreprise doit plus que jamais communiquer en externe auprès de ses différentes parties prenantes. Mais ne serait-il pas préférable de communiquer sur ce qu'elle sait faire plutôt que sur ce qu'elle se plaît à dire ?

- Cultiver en interne et à tous les niveaux l'« énergie de l'entreprise à apporter quoi » (la raison d'être, cf. chapitre 2), plutôt que de chercher à la communiquer en externe. A. Grant précise dans son étude que les individus les plus dangereux dans tout collectif sont les « faux » donneurs[100] : ceux qui disent qu'ils donnent. À ce sujet, j'ai pu constater que les donneurs sont ceux qui font sans forcément le dire, et ceux qui le disent sont des « faux » donneurs, comme le relève Adam Grant. Or, combien de raisons d'être sont employées pour dire en externe, peut-être en pensant bien faire et en espérant développer notre « fausse » attractivité sociale ? Notons qu'une étude[101] révèle que seuls 33 % des salariés des entreprises du CAC 40 ayant une raison d'être connaissent leur formulation et que seule une entreprise sur trois a engagé des initiatives concrètes pour accorder gouvernance et stratégie à sa raison d'être.

Par conséquent, il vaut mieux cultiver la raison d'être en interne, favoriser le faire et la traduire en valeur sociale. Voici quelques pistes :

- se doter d'un B à long terme qui apporte une nouvelle valeur qui soit la plus en phase possible avec « notre énergie à apporter quoi », et se fixer un défi associé ;
- assortir des microdéfis à court terme associés à ce B et favoriser les encouragements pendant le parcours ;
- élaguer et renoncer à tout ce qui ne concourt pas à l'accomplissement de ces microdéfis, des valeurs apportées ;
- consacrer des microcélébrations[102] itératives et à tous les niveaux sur ce qui a été fait, sur les avancements par rapport au microdéfi et à la valeur apportée. Il n'y a rien de tel que de ritualiser des célébrations avec nos clients, non pas pour mieux paraître en externe mais pour galvaniser nos équipes.

Plus nos microdéfis sont confrontés à des incertitudes et plus ce seront les microcélébrations tout au long du parcours qui vont nous permettre de surmonter les embûches.

ZOOM

La dynamique de microcélébrations régulières

Les expériences scientifiques de J. Fogg, chercheur à Stanford, ont démontré que les célébrations cultivent l'émotion positive, renforcent l'expérience d'apprentissage et le sentiment de connexion collective. On peut penser que cela est capital pour toute personne au sein d'un collectif de plus confronté à de graves incertitudes, comme lors de l'expédition Shackleton[103].

Or, combien d'émotions positives de notre collectif ratons-nous à chaque fois que l'on passe à la chose suivante ? Une étude récente[104] révèle par ailleurs que les personnes au pouvoir expriment moins de gratitude que les autres. Cela peut amener les employés à se sentir sous-estimés et, dans certains cas, plus susceptibles de démissionner.

Par conséquent, les personnes au pouvoir dans l'entreprise (dirigeants, managers, chef d'équipe) doivent fixer des rituels à l'avance (faute de quoi ils ne vont pas y penser), dédiés à célébrer chaque petite avancée en exprimant de la gratitude auprès du collectif. Ces rituels n'ont pas besoin d'être grandioses, ils peuvent s'exécuter en très peu de temps et apportent d'énormes bénéfices, notamment l'augmentation de notre attractivité sociale.

3. Réduire notre complexité interne

Des études récentes[105] révèlent que l'excès de complexité au travail devient un facteur discriminant sur l'attractivité des entreprises et que cette complexité est souvent aggravée par l'accélération de leur transformation digitale[106], confirmant ainsi le piège de la transformation digitale avec les systèmes d'information historiques (cf. chapitre 3). Par conséquent, si une entreprise est naturellement attractive du fait de sa cause sociale et sociétale (point 1 précédent), pour autant, son attrait peut être complètement anéanti par l'excès de complexité interne négative, tant celle qu'elle fabrique elle-même, que celle en provenance des instances publiques et des réglementations qui vont s'intensifier. Or, si chacun de nos salariés se bat contre un moulin à vent parasitairement à la défense d'une cause sociétale, cela n'a pas de sens pour lui. Précisons que «plus complexe» veut dire que le nombre de variables interdépendantes s'aggrave, alors que «plus compliqué» veut dire qu'une variable donnée s'aggrave, et rappelons (cf. chapitre 3) que tout manager crée inconsciemment de la complexité. Soustraire des variables permet donc d'alléger la complexité au bénéfice de l'engagement des hommes et c'est là une clé majeure du changement[107]. Chercher la complexité interne minimale nous apportera donc deux avantages concurrentiels:

- une meilleure valeur sociale apportée à nos équipes, induisant une meilleure attractivité sociale[108];
- une meilleure capacité à appréhender la complexité externe, celle de notre environnement[109].

Voici quelques voies pour réduire la complexité au sein de l'entreprise:

- passer d'un modèle de chaîne de valeur centrée sur les process à un modèle d'architecture des données (cf. chapitre 3);
- revenir à une organisation sous forme d'équipes à taille humaine autonomes en prise directe avec le sens qui leur incombe de A à Z, et automatiser leur coordination et les tâches à faible valeur ajoutée, grâce à l'intelligence des données (cf. chapitre 3);
- revenir aux murs porteurs pour enlever les cloisons inutiles: imaginez un immeuble victime d'une overdose de cloisons rajoutées au fil de l'eau. Il devient impossible d'enlever quelle cloison que ce soit, tant que les murs porteurs n'ont pu être identifiés. Les cloisons correspondent

à tout ce que l'on rajoute dans l'entreprise, sachant que nous avons tendance à nous focaliser sur toutes les choses (cloisons) que l'on veut obtenir[110], plutôt que sur ce qu'il faut faire pour l'obtenir. Or, comme le disait Peter Drucker[111], « C'est plus facile de faire de la soupe de poisson à partir du poisson que du poisson à partir de la soupe de poisson ». Des études révèlent qu'a cause de leur volonté de croître, les entreprises se perdent dans leur soupe de poisson, l'équivalent des cloisons, alors qu'elles feraient mieux de s'occuper de bien faire le poisson, l'équivalent des murs porteurs, pour obtenir la croissance[112].

ZOOM

Quelle différence entre les murs porteurs et l'ADN de l'entreprise et son *business model*?

Précisons qu'il ne faut pas confondre les murs porteurs, avec la raison d'être ou l'ADN de notre entreprise : les murs porteurs sont des choses-piliers qu'il faut faire au mieux pour assurer la réussite de notre entreprise sur son marché. À titre d'illustration, un des murs porteurs d'Apple consiste à développer la meilleure alliance possible entre le contenant et le contenu, que l'on retrouve très bien entre l'iPod et ITunes ou encore entre l'IPhone et l'Ipad et Apple Store. Si l'ADN est immuable, dans l'exemple d'Apple, « apporter l'expérience la plus simple et la plus riche possible à l'utilisateur », les murs porteurs ne durent qu'une certaine période.

Notons aussi qu'il ne faut pas confondre murs porteurs et *business model*: ce dernier correspond au détail de la mise en œuvre des murs porteurs à un moment donné de cette période. Le *business model* peut très bien évoluer pendant cette période (*business model* de l'iPod, puis de l'IPhone), alors que, comme le montre une étude[113], les murs porteurs sont la partie répétable de ces *business models* successifs pendant cette période.

Amplifier les murs porteurs, ce que feraient mieux de faire les entreprises au lieu d'ajouter constamment des cloisons pour obtenir de la croissance, consiste bel et bien à revenir au minimum de grosses choses à faire. C'est ce qui permet de soustraire toutes les choses (cloisons superflues et toxiques) que nous faisons ou que nous cherchons à obtenir : process, services, débouchés, projets internes, indicateurs de pilotage, innovations, etc. Les entreprises sont souvent victimes de surenchère[114] de projets internes, laquelle contamine la productivité, l'engagement et la performance. Pire encore, cette surenchère conduit à ce que les personnes les plus engagées (les vrais donneurs) démissionnent. Par voie de conséquence cela vous empêche d'innover. D'autre part, une étude[115] montre qu'entre des entreprises du même secteur qui ont plein de petites innovations (innovations à petit impact avec un petit risque) et d'autres qui ont très peu d'innovations, mais seulement de très grandes (innovations à grand impact avec un grand risque), ce sont les dernières qui sont bien plus performantes et bien plus innovantes !

4. Revisiter les pratiques de management

- Les pistes que nous avons vues précédemment, à savoir nous engager vers une cause encore plus cruciale en tant que faire et apporter, augmenter la proportion de donneurs et réduire la complexité interne négative, augmentent votre valeur sociale à plusieurs titres. Tout d'abord, elles nourrissent l'engagement. Ensuite, elles permettent de donner plus de place à des phases émotionnelles et d'inclusion en équipe, de libérer et de développer la curiosité collective.

  Il s'agit pour l'entreprise de veiller à bien pratiquer en interne des rituels associés : phases émotionnelles d'inclusion, curiosité collective, engagement à faire, soustraire les cloisons inutiles. En guise d'illustration concernant la curiosité, rappelons (cf. Partie 1) que, dans un monde incertain, ce sont les rituels de curiosité qui permettent de trouver du sens à travers ces incertitudes, et ainsi décuplent l'engagement.

- Une analyse[116] montre que le meilleur leadership consiste à équilibrer au mieux le *push* (nous vous demandons de) avec le *pull* (nous vous donnons goût à). Développer le *pull* correspond par exemple à participer aux réflexions sur le B, à faire des expéditions et des expérimentations désapprenantes, mais il faut veiller à éviter de baisser la garde sur le *push*. Développer le *push* consiste à d'abord fixer le B et le(s) défi(s) associé(s) *via* très peu de décideurs (plus il y a d'acteurs à décider, et plus on choisit le moins mauvais B). Cela permet ensuite de demander à chaque équipe de relever tel microdéfi, ou encore de faire telle chose importante, et de les considérer comme responsables. Signalons l'écueil suivant : si vous « pushez » trop de choses à faire ou trop de microdéfis, alors cela va « dépusher » toute équipe, quelle qu'elle soit, même avec le meilleur engagement. D'où la vertu de revenir aux murs porteurs (grosses choses à faire) pour enlever tous les *push* des cloisons inutiles.

5. Changer le modèle de recrutement

Le modèle classique du recrutement consiste à faire une annonce pour créer un flux de candidats et ensuite sélectionner « le meilleur du flux ». Ce modèle connaît aujourd'hui ses limites, car le flux diminue. Par ailleurs, rien ne dit que les candidats issus de ce flux sont en phase avec « l'énergie à apporter quoi » qui anime l'entreprise (la raison d'être, cf. chapitre 2). Par conséquent, nous aurons beau recevoir ces candidats, nombre d'entre eux vont par la suite décliner l'offre, avant ou après le recrutement. La bonne nouvelle, c'est que, grâce aux données disponibles sur les réseaux sociaux, nous pouvons détecter des personnes dont la propre « énergie à apporter quoi » se rapproche de celle de l'entreprise à travers un autre modèle expliqué ci-après.

- Il s'agit de s'adresser directement à ces personnes *via* les réseaux sociaux, pour leur proposer de nous rejoindre, avec l'attrait de la concordance entre nos énergies. Ainsi, ces personnes vont non seulement vouloir rentrer dans l'entreprise, mais aussi pouvoir s'y épanouir et nourrir notre « énergie à apporter quoi ».
- Lors du processus de réception puis de sélection des candidats, attachons-nous à coupler les deux choses suivantes :
  - concevoir des mises en situation et des modèles permettant d'évaluer objectivement en quoi tel candidat partage ou non l'« énergie à apporter quoi » de l'entreprise ;
  - permettre au candidat de palper à quel point nous faisons des choses au service de notre « énergie à apporter quoi » et à quel point le collectif est attaché à « ce faire ».
- Une fois recruté, plus le candidat aura vécu des occasions de « ce faire » (notre « énergie à apporter quoi ») et plus nous suscitons son engagement auprès de nous dans la durée. Il s'agit d'être particulièrement attentif à cette notion lors de ses « trois premiers mois » dans l'entreprise.

En guise de conclusion sur cette troisième discontinuité majeure, développer l'attractivité sociale revient à traiter un symptôme, alors que l'entreprise doit plus que jamais développer sa proposition de valeur aux salariés, comme nous intime un article récent d'*Harvard Business Review*[117]. Nous avons vu quelques réponses associées :

- se rapprocher d'une cause à défendre encore plus cruciale ;
- multiplier le nombre de donneurs au sein du collectif ;
- réduire notre complexité interne négative ;

- pratiquer le management *push* et *pull* ;
- aller chercher les candidats avec lesquels on est en phase et mieux les intégrer (cf. les « cent premiers jours »).

Une étude[118] montre que les réponses qui viennent d'être proposées concordent avec les points clés pour avoir une équipe dotée d'une grande efficience dans un contexte turbulent :

- une direction collective qui nous oblige ;
- la qualité de la constitution de l'équipe en lien avec sa mission (avoir la bonne combinaison et le bon nombre de membres, bénéficier de processus robustes et épurés, décourager les comportements destructeurs) ;
- la qualité du soutien apporté à l'équipe (récompenses et célébrations, efficience de l'exploitation des données, ressources apportées) ;
- un état d'esprit partagé avec les autres équipes.

Quatrième discontinuité majeure

Faire des avancées décisives pour apporter une nouvelle valeur environnementale et sociétale 10X (10 fois meilleure qu'aujourd'hui) à long terme

On peut penser que la pression environnementale et sociétale est déjà une mutation en cours, à laquelle il faut répondre et pour laquelle notre entreprise a déjà donné des réponses. Pour autant, la situation est telle qu'elle nous appelle à nous discontinuer de notre modèle actuel A afin d'apporter une nouvelle valeur environnementale et sociétale 10 fois meilleure, tant en termes de réduction d'impact négatif que de création d'impact positif. En voici les raisons.

Première raison : adapter les approches de RSE (responsabilité sociétale des entreprises) à notre A limite fatalement notre impact potentiel

Nous utilisons les approches classiques de responsabilité sociétale (RSE) dans nos entreprises pour évaluer et réduire l'impact environnemental et sociétal de notre modèle actuel A. Pour autant, notre A n'a pas été initialement conçu à partir de ces enjeux. Par conséquent, ces approches sont limitées par notre A.

C'est comme si on demandait à un poisson de monter aux arbres.

Par ailleurs, comme l'intime Albert Einstein, « nous ne pouvons pas résoudre nos problèmes avec la même pensée que nous avons utilisée lorsque nous les avons créées ». Adapter la RSE de la sorte à notre A revient à faire du A', qui peut engendrer des efforts intenses et de multiples complications internes, tout en ne produisant que des progrès symboliques, voire palliatifs, avec de nombreux paradoxes persistants. Les pailles à boire en plastique sont une illustration de ce paradoxe : elles ont été remplacées par des pailles qui, certes, sont en fibre naturelle ou recyclées, mais qui utilisent du PFAS[119] pour être imperméables. Il s'agit d'un polluant éternel qui menace gravement et durablement la santé humaine, la pollution des eaux et la bioaccumulation[120].

Ces paradoxes s'amplifient et se multiplient, si, de surcroît, nous continuons, consciemment ou non, à considérer la performance économique comme la cause première, pour laquelle les enjeux environnementaux et sociétaux sont une contrainte : c'est comme si l'on demandait à un poisson de monter aux arbres afin de mieux nager (persister dans la quête de la performance économique en premier).

→ L'urbanisme d'hier à l'encontre de l'urbanisme de demain : d'après un article, l'Europe se prépare au froid depuis des années et on ne réalise que maintenant que c'était une grosse erreur. Cela fait près de vingt ans que l'on cherche à « garder les gens au chaud en hiver » en privilégiant un urbanisme plus étanche et en scellant les maisons pour empêcher la chaleur de s'échapper et réduire ainsi la consommation pour le chauffage. On peut penser que cette isolation est forcément salutaire pour le froid. Or, au fur et à mesure que les températures augmentent, les experts ont pris conscience que le débit d'air réduit est un problème qui s'aggrave dans les villes où le béton extérieur absorbe également la chaleur le jour et la restitue la nuit. C'est ce qu'on appelle l'effet « îlots de chaleur urbains », qui n'est pas dû à la pollution, mais bien davantage à la concentration des bâtiments et à l'imperméabilisation des surfaces, et qui peut être responsable d'une surchauffe pouvant atteindre 10 degrés, notamment la nuit[121]. La sécheresse comporte d'autres impacts collatéraux à celui des îlots de chaleur. À titre d'exemple, les fissures des maisons concernent déjà un cinquième du territoire et représentent le premier poste d'indemnisation au titre de l'assurance dommage-ouvrage[122]. Il s'agit donc pour l'entreprise de changer de modèle d'urbanisme en considérant l'ensemble des impacts et en traitant les causes. Par exemple, à Lille, des cours d'école ont été débitumisées[123] pour créer des îlots de fraîcheur. Il faut savoir que le béton cause les îlots de chaleur. C'est aussi le troisième « pays »[124] des émissions de gaz à effet de serre qui engendrent le réchauffement climatique. Posons-nous la question : la loi Climat et Résilience qui fixe un objectif de « zéro artificialisation nette » (ZAN) en 2050, peut-elle être résolue avec le modèle d'urbanisation historique ? On constate que la mise en œuvre du programme connaît quelque retard. À ce titre, le préfet de l'Hérault avouait[125] tout récemment : « À Montpellier, je ne vois pas comment on va faire avec le ZAN, nous sommes terriblement endettés ! »

Voici quelques autres exemples de vouloir demander à un poisson de monter aux arbres.

→ Écoconception *versus* éco-innovation : différents observateurs s'interrogent sur le terme d'écoconception, laquelle se maintient à rendre l'existant plus écologique, alors que nous ferions mieux de nous libérer de l'existant pour faire de l'éco-innovation. Par exemple (cf. Partie 1), on s'attache à isoler un habitat de 125 m^2 qui fait 1 000 m^3 de volume pour quatre occupants dont leur volume intrinsèque ne dépasse pas 1 m^3. Autre exemple, un architecte autrichien s'est « forcé » à éco-innover en concevant un bâtiment qui n'a besoin ni de chauffage ni de climatisation : une première réalisation, l'immeuble « Le 2226 », a eu lieu en 2013 et un projet sur Lyon baptisé Essentiel est porté par Nexity dans le quartier de la Confluence. La climatisation passive regorge de potentialités à innover[126] en sortant du schéma de climatisation classique et en s'appuyant sur des fonctions intelligentes du bâtiment.

→ L'automobile *versus* d'autres solutions de mobilité individuelle : on s'évertue à remplacer la solution d'hier, la voiture atmosphérique, par une solution dont on pense qu'elle est plus écologique, la voiture électrique ou encore la voiture à l'hydrogène. Or, ces solutions ont aussi des biais environnementaux : terre rare et recyclage des batteries électriques, fuites d'hydrogène qui auront un impact encore plus néfaste pour le climat, augmentation des gaz à effet de serre[127], décarboner la fabrication de l'électrique et de l'hydrogène, etc. C'est bien pour cette raison qu'un chercheur au LIST (Luxembourg), Thomas Gibon, nous intime à remettre en question le paradigme dominant de la voiture individuelle. Selon lui, malheureusement, c'est beaucoup plus facile de se poser la question de savoir quelle voiture je veux, plutôt que de se demander quelle mobilité je veux. Notons à ce titre qu'en Allemagne les transports en commun sont devenus gratuits à partir de sept 2021 : bus, trains régionaux.

Seconde raison : une situation qui s'est sérieusement aggravée

Nous connaissons une accélération brutale des dérèglements de notre planète et de notre péril associé, ce qui appelle à de nouvelles réponses, y compris sur le plan sociétal. En voici quelques exemples, avec lesquels vous pourrez constater que les aggravations dans tel ou tel domaine se combinent entre elles, entraînant des effets qui se démultiplient entre eux.

→ Selon un rapport de l'ONU, le réchauffement climatique accélère le vieillissement des lézards[128].

→ Nous avons déjà atteint la sixième limite planétaire sur un total de neuf limites qui sont rédhibitoires (cf. Partie 1).

→ Nous ne pouvons plus consommer l'eau de pluie, car[129] celle-ci est notamment contaminée par les microplastiques[130], et surtout par les PFAS (polluants toxiques et non destructibles), qui sont absolument nuisibles pour la santé et dont la quantité augmente. D'où une question que l'on peut se poser : *quid* de la biodiversité qui va boire cette eau ?

→ Les émissions de gaz à effet de serre réchauffent les nuits plus vite que les journées et, si nous ne réduisons pas nos émissions, l'écart entre les températures diurnes et nocturnes ne va cesser de diminuer[131].

→ Les orages, de plus en plus violents et de moins en moins prévisibles, montrent à quel point les villes ne sont pas prêtes aux futurs déluges[132]. Un chercheur du CNRS explique notamment ceci : pour qu'il y ait moins de ruissellements dans les villes, il faut que les surfaces soient beaucoup moins artificialisées et plus naturelles. Aujourd'hui, construire une place avec des matériaux minéraux, c'est une absurdité.

→ En 2023, il fallait 214 jours pour épuiser les ressources renouvelées par notre chère planète dans l'année. Sur les 151 jours restants, nous vivons à crédit par rapport aux ressources de la planète. Certes, cette étude[133] suscite des critiques, dans la mesure où elle amalgame des ressources sans distinction de spécificités, mais ce qui compte, c'est l'ordre de grandeur de notre surconsommation généralisée. Pouvons-nous consommer 1,75 planète, et jusqu'à quand, quand on considère, d'une part, notre dette ainsi accumulée et, d'autre part, les impacts indirects de la surconsommation de la planète ?

Nous n'héritons pas de la terre de nos ancêtres,
nous l'empruntons à nos enfants.
Antoine de Saint-Exupéry

Vous conviendrez que c'est bien la première raison (adapter la RSE sur notre A) qui a engendré la seconde (situation aggravée). En adaptant notre existant aux symptômes de notre planète, nous nous retrouvons à subir l'accélération de son aggravement. Or, la situation d'aggravement est devenue telle que nous devons agir et répondre de manière globale par rapport aux causes de l'aggravation, et non plus subir et trouver des solutions isolées face à chaque symptôme.

Par conséquent, les inégalités sociales, au niveau des pays[134], des personnes[135] et des entreprises[136] s'amplifient à double titre :

- le fardeau économique et les conditions de (sur)vie de l'impact écologique sont beaucoup plus lourds pour certains que d'autres ;

– l'impact est nettement plus causé par certains que par d'autres, qui en ont pourtant le plus lourd fardeau économique.

Le social et l'écologique seront donc de plus en plus associés.

Compte tenu de ces éléments, Il ne tient qu'à l'entreprise avec son collectif de sauter suffisamment tôt de la casserole qui fait souffrir notre planète et épuise ses ressources et d'y répondre avec un impact que cela mérite, à travers un B conçu pour apporter dix fois mieux dans dix ans.

Souvenons-nous du modèle présenté en première partie sur les conséquences de nos décisions stratégiques : plus nous attendons de décider et plus l'impact de nos décisions sera faible. À ce titre, voici ce que nous dit Magali Reghezza-Zitt[137] : « Pour s'adapter au changement climatique, plus on tarde à agir, moins on sera libre de choisir. » Le syndrome des conséquences de nos décisions (cf. chapitre 2, figure 3) est de trop attendre de maîtriser toutes les informations pour décider de sauter de la casserole. Peut-être avons-nous sous-estimé le risque d'extinction de l'humanité ? C'est en tout cas ce que révèle une étude récente[138] réalisée par des climatologues.

Notre écueil serait peut-être dû au fait que la planète a été trop lente à souffrir de par sa très forte résilience : souvenons-nous (cf. partie 1), les mutations lentes sont les plus dangereuses. Un rapport[139] publié il y a cinquante ans par des chercheurs du MIT annonçait l'effondrement possible de notre civilisation avant la fin du XXIe siècle, si elle se maintient dans son modèle de croissance au sens large (production industrielle, alimentaire et économique, démographie, pollution, consommation des ressources naturelles, etc.). Ce rapport atteste de notre lenteur face aux mutations lentes : cinquante ans plus tard, ses conclusions sont tristement en phase avec les données actuelles, comme le confirme la thèse récente d'une chercheuse[140] d'Harvard, qui valide les mêmes hypothèses de l'époque, notamment malgré les progrès technologiques aidant à limiter la pollution et à augmenter les productions (alimentaire, etc.) , même lorsque les ressources s'épuisent.

Aujourd'hui, notre planète est devenue « rapide à souffrir » en subissant l'effet cliquet : les aggravations d'hier engendrent des aggravations encore plus fortes demain. Jean-Marc Jancovici[141] estime que ce qui est arrivé pendant la sécheresse de 2022 est, non pas la norme du climat que nous aurons demain, mais la borne inférieure. Selon lui, notre problème est notre inertie par rapport à l'effet cliquet.

En guise de conclusion de ce chapitre, retenons que les discontinuités majeures de notre environnement sont celles qui nous obligent à pivoter par rapport à notre modèle A à travers un nouveau modèle B, alors même que nous sommes naturellement tentés de faire du A', d'adapter notre A à ces discontinuités.

1re	Prolifération des données et du digital entraînant la déconstruction de la chaîne de valeur historique et ouvrant de « nouveaux-possibles-entreprise »
2e	Relation client qui exige d'être encore plus performant sur chaque extrémité de la dimension client
3e	Mutation du moteur qui anime les employés dans l'entreprise
4e	Faire des avancées décisives pour apporter une nouvelle valeur environnementale et sociétale 10X (10 fois meilleure qu'aujourd'hui) à long terme

Tableau 1. Synthèse des discontinuités majeures

Une fois identifiées, ces discontinuités vont nous servir à mener deux étapes successives :

- **première étape** : elles vont nous permettre de poser le pourquoi de notre B ou, dit autrement (cf. l'interrogation d'Einstein sur la meilleure question à se poser), la question à laquelle notre projet d'entreprise doit absolument répondre à long terme. Voici trois sous-questions pour vous aider à formuler la question stratégique de votre entreprise :

- en quoi les discontinuités de notre environnement peuvent-elles nous mettre en situation brutale à long terme, si nous nous contentons de faire évoluer notre existant de manière linéaire ?
- en quoi ce que nous faisons aujourd'hui et cette même direction que nous allons probablement continuer à suivre peuvent nous éloigner de notre raison d'être ?
- qu'est-ce qui a toujours bloqué ou limité notre développement depuis la nuit de temps et que nous devons absolument résoudre demain pour nous débloquer ?

– **seconde étape** : les discontinuités font l'objet d'expéditions et d'expérimentations d'étonnements supplémentaires pour ouvrir de nouveaux possibles censés répondre au mieux à notre question stratégique.

À travers le chapitre suivant, nous allons développer le processus et les approches pour définir notre projet d'entreprise B censé répondre au mieux à notre question stratégique.

Pour ce faire, nous allons l'illustrer de la manière suivante : imaginons que notre question stratégique soit directement liée à la quatrième discontinuité, à savoir « comment apporter une nouvelle valeur environnementale et sociétale décisive » ?

Cela vous permettra par la même occasion de trouver des réponses à cette question qui concerne nombre d'entreprises.

Nous allons ainsi voir quelle approche nous permettra de nous doter d'un B qui tire parti de ces discontinuités. Il vous donnera notamment quelques approches pour apporter des avancées 10X environnementales et sociétales.

CHAPITRE 6

DÉFINIR UN PROJET D'ENTREPRISE CENSÉ APPORTER UNE NOUVELLE VALEUR ENVIRONNEMENTALE ET SOCIÉTALE DÉCISIVE

Voici un canevas de réponses et d'approches qui s'articulent sur deux préconisations.

Première préconisation

Prendre le soin de nous libérer-délivrer de notre A et des enjeux économiques associés pour partir des enjeux environnementaux et sociétaux et ouvrir tous les possibles 10X associés

Pour satisfaire cette première préconisation, toute entreprise peut reprendre à son compte l'approche ci-dessous qui se décompose en cinq temps expliqués ci-après.

Notons que, lors de cette approche, il est recommandé d'élargir le collectif en associant d'autres parties prenantes externes à l'entreprise, avec notamment d'autres parties prenantes que celles historiques : avec des personnes ou des acteurs au fait des enjeux et des solutions de demain. Vous trouverez aussi plus loin des approches détaillées du temps 1 et surtout du temps 2.

Du temps 1 au temps 5

> *Temps 1*

On le consacre à ouvrir notre conscience collective pour identifier, déjà sur notre A, quels sont les meilleurs leviers pour réduire son impact négatif.

Nous avons vu qu'appliquer les approches de RSE sur notre A est certes nécessaire mais limitant (cf. chapitre 5), d'où d'ailleurs cette première préconisation. Cependant, pour la mener à bien, rien de tel que de faire des expéditions pour identifier quels sont les meilleurs leviers de réduction d'impact sur notre A, pour deux raisons :

- c'est indispensable pour notre A ;
- bien élucider les indispensables sur notre A libère nos cerveaux pour nous ouvrir à d'autres possibles B, lors du temps 2 qui suit.

> *Temps 2*

Il s'agit d'errer en dehors de notre A et des livrables du temps 1, pour nous ouvrir à tous les nouveaux possibles majeurs à long terme, en termes de réduction d'impacts négatifs et de création d'impacts positifs.

Nouveaux possibles « majeurs » veut dire qu'ils sont censés apporter des impacts dix fois supérieurs à ceux obtenus en appliquant sur notre A ce que nous avons trouvé dans le temps 1. Bien entendu, il n'est pas certain que nous atteignions une amélioration 10X, mais cela nous mène au moins à du 2X.

C'est ainsi que des opportunités de réponse à la question stratégique vont apparaître : comment apporter une nouvelle valeur environnementale et sociétale décisive ? Au fur et à mesure qu'elles se présentent à nous, nous pouvons lancer des investigations et des expérimentations sur celles-ci, tout en continuant le processus pour en découvrir de nouvelles.

Il est utile à ce titre de zigzaguer entre ces réponses/solutions afin d'en trouver d'autres.

> *Temps 3*

Il commence par identifier quelles sont les opportunités de réponses/solutions issues du temps 2 qui permettent à la fois :

- de répondre au mieux à la question stratégique (d'où l'importance des expérimentations lors du temps 2) ;
- d'amplifier « notre énergie à apporter quoi » (la raison d'être, cf. chapitre 2).

Ensuite, il consiste à poser notre B en actant les points suivants :

- quel est notre rêve de nouvelle valeur (10X) à dix ans au service de notre raison d'être ? Nouvelle valeur sur quatre dimensions symbiotiques (cf. chapitre 2) : nouvelle valeur apportée à tels clients (choix de secteur d'activité à long terme) ; nouvelle valeur sociétale et environnementale dans tel(s) domaine(s) ; nouvelle valeur apportée aux salariés ; nouvelle valeur économique pour l'entreprise ;
- quel est le défi à dix ans associé à notre rêve ? Un ouvrage[142] s'est attaché à analyser les points communs aux entreprises capables de résultats exceptionnels dans la durée. Elles se fixent un *Big Hairy Audacious Goal* à long terme, que l'on pourrait traduire ici comme suit : notre seul gros défi à long terme, qui soit audacieux et décoiffant par rapport à ce que nous apportons et causons à la planète aujourd'hui. Attention à ne pas confondre avec « avoir X défis », qui sont fatalement « X vœux de défis » qui vont désengager le collectif : en devenant l'objet de « dire qu'on va les faire » plutôt que de « faire le *Big Hairy Audacious Goal* » ;
- à ce stade de la réflexion, sur quelles différentes solutions parallèles allons-nous miser pour nous permettre de

concrétiser notre rêve quitte à zigzaguer entre elles pendant le parcours ?

- à ce stade de la réflexion, quels sont les murs porteurs de notre B (les points clés pour assurer sa réussite) ?

Rappelons que la réalisation de ce temps 3 nécessite des expérimentations et des expéditions supplémentaires pour confronter les hypothèses et les relations de cause à effet et valider les murs porteurs.

> *Temps 4*

Il s'attache à explorer comment l'on peut démarrer le B 10X à court terme, à travers quel premier petit B, bien plus modeste et plus réaliste que le 10X à court terme, qui va permettre progressivement par la suite de construire et d'apporter le B 10X.

> *Temps 5*

Il se consacre à mettre en œuvre et à lancer le premier petit B à court et moyen terme de manière parallèle à notre A.

Détails des approches des temps 1 et 2

> *Temps 1*

Nous avons tous entendu parler de la nécessité de faire le bilan carbone de nos entreprises, notamment à travers le programme soutenu par l'Ademe, pour réduire nos émissions de gaz à effet de serre sur trois périmètres : nos émissions directes, nos émissions indirectes liées à l'électricité, les autres émissions indirectes.

Pour autant, ce bilan ne porte que sur un enjeu isolé, certes majeur, le réchauffement climatique, mais il est loin d'être le seul, car il ne concerne qu'une seule des six limites planétaires dépassées (cf. introduction).

Notons par ailleurs qu'il ne prend pas non plus en compte les enjeux sociétaux, et qu'il comporte les limites[143] suivantes sur son propre périmètre : il ne tient pas assez compte des émissions liées aux produits et consommés par l'entreprise ; il emploie une approche de comptabilité complexe qui dépend des données fournies par l'entreprise et qui joue avec des degrés d'incertitude élevés. Cela conduit à une étude laborieuse, avec un rapport de conclusion pouvant comporter des incohérences, des imprécisions et donc des erreurs, qui vont biaiser l'appréciation des leviers d'amélioration.

Il est donc recommandé lors de ce temps 1 de nous ouvrir de manière plus large et holistique à l'ensemble des enjeux environnementaux et sociétaux, pour identifier quels sont les meilleurs leviers pour réduire nos impacts négatifs de notre A. Notons que cela peut aussi nourrir le temps 2 consacré à trouver des pistes pour notre B.

Ces expéditions peuvent consister à interviewer des experts sur telle partie des enjeux environnementaux et sociétaux, afin de leur soumettre ce que fait notre entreprise et leur demander quels sont, selon eux, les leviers qui ont la meilleure élasticité pour réduire notre impact.

Une autre piste consiste à s'inspirer d'études qui auraient réuni différents experts pour élucider les leviers pour les entreprises de votre secteur, comme le fait par exemple le Sustainability Accounting Standards Board (SASB[144]) qui met en évidence, par secteur, quels sont les problèmes importants à résoudre pour avoir une meilleure performance environnementale, sociétale et de gouvernance (ESG), sous forme d'une *Materiality Map*. Notre entreprise sociale pour l'habitat peut ainsi découvrir la *Materiality Map* réalisée pour le secteur de l'immobilier, du service immobilier, de la construction, etc. Celle-ci donne quatre leviers.

Premier Levier : gestion de l'énergie

Les bâtiments consomment d'importantes quantités d'énergie (chauffage, ventilation et climatisation des locaux, chauffage de l'eau, éclairage, utilisation d'équipements et d'appareils). D'où : coûts d'exploitation importants. La gestion de la performance énergétique devient de plus en plus critique (volatilité des prix de l'énergie avec une tendance à la hausse des prix, réglementations liées à l'énergie, grandes disparités de la performance énergétique dans le portefeuille immobilier, opportunités d'amélioration de l'efficacité grâce à des investissements en capital économiquement attractifs) et source de performances (réduction des coûts d'exploitation et des risques réglementaires, augmentation de la demande des locataires, des tarifs de location et des taux d'occupation générant de meilleurs revenus et une valorisation du parc immobilier).

Deuxième levier : gestion de l'eau et des eaux usées

Consommations importantes (sanitaires, équipements de construction, appareils, irrigation). D'où : coûts d'exploitation importants (selon le type de propriété, les activités des locataires, les emplacements géographiques et d'autres facteurs comme la réglementation). Locataires de plus en plus amenés à évaluer l'efficacité hydrique de tel immeuble, pour contrôler ses coûts, atténuer les impacts environnementaux des opérations, voire dans un souci de conservation des ressources. Facteurs rendant la gestion de l'eau de plus en plus stratégique : augmentations historiques à long terme des coûts de l'eau, disparités de performance hydrique des immeubles du portefeuille, enjeux de surconsommation *versus* approvisionnements limités et changements démographiques, pollution liée à l'eau, changement climatique.

Troisième levier : conception et cycle de vie du produit versus durabilité des locations

Impacts et enjeux significatifs des bâtiments sur le développement durable (consommation de ressources, production de déchets, pollution, santé des occupants), avec une bonne partie de ces enjeux qui est attribuable aux opérations des locataires. D'où : la manière de structurer les accords, les contrats et les relations avec les locataires est essentielle pour gérer efficacement les impacts sur la durabilité des locataires, les impacts des actifs. Avec des pistes : aligner les intérêts financiers des deux parties sur les résultats de durabilité, établir une mesure et une communication systématiques des données de consommation de ressources et de production d'impact, créer des objectifs de performance partagés, imposer des exigences minimales de performance ou de conception en matière de durabilité. Rendre les locataires plus durables avec l'établissement entraîne une appréciation de la valeur de son actif, une meilleure demande et plus de satisfaction des locataires, une réduction des coûts d'exploitation directs et des risques liés aux évolutions réglementaires.

Quatrième levier : effets croisés liés aux changements climatiques

Nous sommes affectés par des événements météorologiques extrêmes fréquents ou à fort impact et des modèles climatiques changeants engendrant des effets croisés : l'augmentation de la température induit aussi une baisse d'abondance de l'eau, des inondations plus brutales, des fissures dans les immeubles, une perturbation des sources d'énergie (nucléaire arrêté). D'où : flambée des coûts, nuisance pour les locataires en termes de qualité de vie et de santé, migrations climatiques pour certaines des implantations, qui affectent profondément les stratégies d'investissement. Ainsi, la valeur à long terme de l'entreprise est dépendante de la pertinence de ces stratégies dans la durée avec les risques associés :

quid des défis à long terme *versus* les taux d'assurance contre les inondations, la stabilité financière des programmes d'assurance contre les inondations subventionnés par le gouvernement et les stipulations de financement ou autres préoccupations des créanciers ?

À l'issue des expéditions d'étonnement, chaque attributaire remplit son parcours d'étonnements pour le transmettre aux autres, sans aucune autre explication verbale. S'ensuit une réunion pendant laquelle chacun va lire les étonnements des autres et interagir dessus par écrit, puis tous partagent ensemble les interactions et esquissent les étonnements majeurs qui doivent absolument interpeller pour l'entreprise demain et les éventuelles autres expéditions d'étonnements à faire pour la suite (éventuellement avec d'autres volontaires).

Ainsi, grâce à l'itération de ce processus, il est possible d'exprimer les perspectives à long terme, livrable du premier temps.

> *Temps 2*

Comment esquisser le spectre des possibles à long terme censés répondre 10 fois mieux à ces enjeux environnementaux ?

Désapprendre du statu quo permet, chemin faisant, de créer de nouveaux possibles que l'on n'avait pas cherchés ni même imaginés au départ. Voici quelques approches dans ce sens que j'ai sélectionnées à partir de mon tout dernier ouvrage *Désapprendre pour innover*, qui se consacre à ces approches. Elles sont étayées par des illustrations. Si certaines sont des innovations de produits et non pas de services, alors que votre entreprise est une entreprise de services, rassurez-vous, elles ont été choisies avant tout pour être pédagogiques et parlantes. Employer ces approches vous permettra de trouver vos propres innovations dans les services.

En quoi notre raison d'être peut-elle répondre à quelle problématique environnementale et sociétale à fort enjeu en dehors de notre A ?

Il s'agit de partir de l'expression de notre raison d'être pour « s'amuser de manière ouverte » à trouver des problématiques environnementales et sociétales majeures en dehors de notre A pour lesquels notre raison d'être pourrait être une vraie raison d'y répondre.

→ À partir de sa raison d'être « permettre d'avancer autrement », la société Michelin s'est penchée sur les cargos qui naviguent sur les océans du monde entier. Ces derniers sont une réelle problématique environnementale qui appelle à « leur permettre d'avancer autrement ». C'est ainsi qu'elle a développé un système innovant de voiles gonflables (projet Wisamo) installées sur ces cargos, leur permettant de réduire leur consommation de carburant et la pollution associée : de 25 % quand on l'adapte sur des cargos existants et de 50 % quand on l'intègre dès la conception d'un nouveau cargo.

Rappelons au passage qu'une raison d'être ne doit pas exprimer le marché (cf. chapitre 2), comme celle de Michelin. Cette illustration montre qu'une telle raison d'être comporte des gisements de nouvelles problématiques environnementales et sociétales qui peuvent se situer bien ailleurs que dans le marché actuel, avec des impacts potentiellement nettement plus importants que sur celui-ci. D'où l'intérêt de valoriser ces gisements ainsi trouvés dans le projet d'entreprise B : d'une part, ils permettent d'amplifier la raison d'être et, d'autre part, ils répondent éminemment mieux à notre question stratégique que les réponses que l'on peut trouver sur notre marché actuel. Par conséquent, ils vont impulser une meilleure attractivité sociale.

Cette approche permet de répondre à un enjeu stratégique majeur : dans un environnement turbulent, « il ne faut pas mettre tous ses œufs dans le même panier». Cette approche y contribue en permettant d'avoir des œufs qui sont dans des paniers conjoncturellement différents les uns des autres. Cela donne ainsi à notre entreprise une agilité conjoncturelle et une dilution des risques. À ce titre, une étude récente[145] nous alerte sur le fait que les entreprises se seraient trop spécialisées dans le même panier lors de ces deux dernières décennies (marché A monoconjoncturel), ce qui les mettrait en danger face au monde devenu turbulent pour les années à venir.

Remplir la boîte à impossibles

Il s'agit de proposer à chaque personne de noter dans une boîte les «ceci» toutes les fois où elle s'est dit «ceci est impossible». Ensuite vous faites des CradoTest'Onnements (cf. chapitre 1) de chaque impossible issu de la boîte, juste pour noter tous les étonnements que cela vous procure. Ces étonnements vont vous amener souvent vers de nouveaux possibles qui seront plus ou moins en réponse à l'impossible initial.

→ Il est impossible d'éclairer naturellement une salle qui n'a pas de fenêtre. C'est en expérimentant la fibre optique comme possible de cet impossible qu'est né un nouvel éclairage naturel consistant à capter les rayons de soleil en toiture pour les amener à l'intérieur du bâtiment par fibre optique (la start-up Echy est multilauréate).

→ Un cardiologue de l'IHU de Liège s'est attaché à expérimenter en mode CradoTest'Onnements le possible de l'impossible suivant: il est impossible de faire du sport quand on est atteint par le syndrome du rétrécissement de l'aorte. Cela a débouché sur un protocole permettant de mieux diagnostiquer ce syndrome et les soins associés, en faisant faire un protocole sportif au patient.

Saisir les aberrations environnementales et sociétales, comme autant de sujets sur lesquels il faut s'insurger

Si, dans cinquante ans, un humain regarde tout ce qui se fait aujourd'hui dans notre environnement entreprise au sens large (en interne ou en externe), au regard des enjeux liés à notre planète et à notre société, quelles sont toutes les aberrations qu'il nous donnerait ? Il s'agit dans une première étape de nourrir ces aberrations en se mettant dans une posture de science-fiction inversée et de regard critique : on peut penser, par exemple, que « perdre 20 % d'eau à cause des fuites » est une aberration pour quiconque, dans cinquante ans, reviendra en arrière à notre époque. La deuxième étape consiste à saisir les aberrations qui méritent le plus que l'on s'insurge dessus, tellement elles sont lamentables par rapport à ces enjeux. D'ailleurs, une étude[146] révèle que les entreprises qui innovent le plus ont justement cette qualité d'insurgence utile.

Ainsi, plus vous vous insurgez contre de terribles aberrations et plus vous avez de chances d'apporter de la valeur décisive, charge à vous dans une troisième étape de faire des CradoTest'Onnements permettant de trouver de nouveaux possibles qui y répondent.

> → La société La Normandise a été créée quand, suite à la crise de la vache folle (maladie de Creutzfeldt-Jakob causée par l'alimentation des bovins à base de farine animale), l'utilisation de farines animales reste employée pour la nourriture des animaux de compagnie, ce qui est une aberration à double titre :
>
> – les farines animales résultent des déchets et des sous-produits de l'industrie alimentaire que l'on transforme en farine *via* des procédés thermiques très énergivores, alors qu'ils étaient encore tout frais et consommables au moment de l'abattage de l'animal ;

– pour éviter tout risque sanitaire, ces farines animales sont ultratransformées, ce qui casse leur matrice alimentaire, d'autant qu'on y ajoute des arômes artificiels pour redonner du goût. Or, cela peut altérer la santé à long terme des animaux de compagnie.

Pour répondre à ces deux aberrations, cette entreprise exploite les déchets et les sous-produits frais à leur source (au moment de l'abattage), pour fabriquer du pâté pour chien et chat qui a déjà du goût. Elle est devenue depuis une ETI.

→ La société Immoblade s'est insurgée contre le fait que les vitres isolantes créent un maximum de chaleur à cause du soleil et nécessitent un maximum de climatisations aberrantes, comme les immeubles en verre à Dubaï. C'est ainsi qu'elle a mis au point un vitrage constitué de stries gravées dans le verre invisibles à l'œil nu. Grâce à un algorithme qui a permis de calculer une géométrie particulière de stries, celles-ci dévient en été les rayons du soleil pour les empêcher de réchauffer les bâtiments équipés. En hiver, elles permettent de réchauffer les structures en laissant entrer le soleil.

Expérimenter juste le contraire

Les neurosciences ont démontré que, pour éviter de surconsommer de l'énergie, notre cerveau fabrique des « concepts » qui vont lui permettre de savoir ce qu'il faut faire dans telle ou telle situation[147] : cela minimise le temps et l'énergie nécessaire à ce savoir. Or, à cause de cette économie d'énergie, notre cerveau nous enferme dans sa réalité, à savoir ses propres concepts, son A.

C'est en expérimentant le contraire de nos propres « concepts » collectifs dans l'entreprise que cela nous en désenferme ! Processus qui se fait en trois étapes : 1. poser nos concepts (les équivalents de « on a toujours fait comme ça ») ; 2. écrire le contraire (ou la photo négative) de nos concepts ; 3. expérimenter en mode CradoTest'Onnements le contraire issu du 2 pour saisir les étonnements et, chemin faisant, trouver de nouveaux possibles par rapport à nos enjeux environnementaux et sociétaux.

→ Une idée à l'inverse de la chaîne de recyclage hyper-industrialisée de chaque point : Bio Tech Environnement propose des Terra Box pour traiter et valoriser les déchets organiques en circuit court.

→ Une idée à l'inverse de l'électricité solaire qui n'est produite que de jour : parallèlement à la production solaire de jour, l'Espagne emploie des cuves de stockage de fluide chaud, une forme de batterie de stockage de chaleur le jour qui va permettre de prolonger la production d'électricité solaire après le coucher de soleil.

→ Une idée inverse à l'utilisation et au stockage de l'hydrogène sous forme liquide ou de gaz : transformer l'hydrogène en poudre a permis de créer une récente invention[148] qui s'annonce comme une révolution concernant le stockage, le transport et les usages historiques de l'hydrogène avec une valeur 10X (beaucoup moins d'empreinte carbone, meilleure densité énergétique, risques d'incendie réduits par rapport à ceux liés aux énergies fossiles et aux batteries Lithium).

Zigzaguer entre différentes réponses environnementales possibles et chercher à créer des intersections entre elles

Une étude[149] montre que, quand nous sommes confrontés à des situations stressantes, notre cortex préfrontal (fonction supérieure du cerveau) s'affaiblit au profit de notre partie cérébrale plus primitive qui va surjouer le stress. Par conséquent, nous sommes tellement en quête de la solution que nous adoptons la première trouvée. Or, il y a de fortes probabilités pour que la première solution trouvée ne soit pas 10X et ne traite qu'un symptôme, d'où le propos de S. Jobs : « Jeter le choix évident est la clé du succès d'Apple. »

Amusons-nous à prendre le temps de jeter le choix évident en posant plusieurs causes différentes d'une problématique environnementale et sociétale et plusieurs réponses différentes associées, sous forme de brouillons de solutions différents. C'est ce qui nous permet de zigzaguer entre eux : après le zig sur l'un sous forme d'expédition et d'expérimentation d'étonnement, faire un zag sur l'autre nous permet de prendre de la distance par rapport au premier. Toutes ces prises de distance vont permettre d'enrichir ces zig et ces zag, voire d'en trouver d'autres, grâce à de nouveaux inattendus. Notons que c'est précisément ce que pratiquent les entrepreneurs les plus doués pour créer un nouveau marché, comme le montre une étude[150].

Je vous suggère d'utiliser aussi cette pratique quand vous posez un projet ou quand vous répondez à un appel à candidatures pour un projet : l'expérience montre que, si cela augmente de quelques pourcentages votre coût pour répondre, cela vous permet de mieux remporter la consultation grâce à une proposition plus décisive.

→ Face à la sécheresse croissante, certains territoires ont opté pour la désalinisation. Or, celle-ci, certes solution immédiate, ne traite que les symptômes et ses conséquences nuisent aux causes : procédé hyperénergivore souvent à base d'énergie fossile à CO_2, rejets de produits chimiques sous forme de saumure qui se répand au fond des océans en quantité telle que cela correspond à l'équivalent de la surface de l'Allemagne tous les ans[151]. Ne serait-ce pas préférable de revenir aux causes zig et zag (par exemple, 20 % de l'eau sont dus à des fuites), puis à leurs solutions zog et zug, rien que sous forme de brouillons.

Une fois les expéditions et les expérimentations réalisées sur les brouillons de causes et les brouillons de solutions associées, il peut être intéressant de créer des intersections entre elles. En quoi pourrions-nous intégrer de manière vertueuse :

- telle cause zig avec telle autre zag ?
- telle solution zog avec telle autre zug ?

À ce propos, un article[152] de Forbes démontre avec quelques exemples que les meilleures innovations ne sont pas liées à une chose extraordinaire, mais à une combinaison extraordinaire de choses. D'où l'intérêt de créer des intersections sous différentes formes :

- première forme : intersections entre des solutions zig et les solutions zag censées répondre à un problème, ne serait-ce que pour combiner les potentialités et diluer le risque lié à l'une ou l'autre face à un futur incertain ;

  → Les éoliennes, solution zig pour produire de l'énergie, comportent quelques limites pour l'avenir : leur rendement peut baisser si la vitesse moyenne du vent baisse, ce qui a été le cas en 2021[153] ; leur rendement baisse avec la chaleur[154] ; elles peuvent se désintégrer lors de conditions de vents extrêmes, comme c'est arrivé récemment[155] dans le sud du Pays de Galles. Sin Power a développé une plate-forme maritime qui combine énergie solaire, éolienne et hydrolienne, sous forme de modules adaptables permettant d'atteindre un maximum de rendement et une souplesse quant à la taille désirée. Une entreprise chinoise, Mingyang Smart Energy, a développé des éoliennes qui produisent aussi de l'hydrogène à partir de l'eau de mer et des poissons en y intégrant une écloserie de poissons[156].

- deuxième forme : intersections entre des équipements et des actifs physiques ;

  → Dans mon avant-dernier ouvrage *Business Model Vert. L'économie durable comme stratégie gagnante*[157], j'avais proposé, à titre pédagogique, la connexité entre la fonction propulsion électrique de la voiture et sa fonction production photovoltaïque (elle se recharge grâce à toute sa surface de carrosserie exposée au soleil). Cette connexité est finalement sortie[158] récemment (soit dix ans plus tard) et semblerait, selon ses créateurs, une évidence… à vérifier si c'est un vrai 10X.

→ La fuite des chasses d'eau est un véritable fléau pour les logements. Afin d'y répondre, créons une première connexité entre la chasse d'eau et un équipement qui la détartre en temps réel (par exemple grâce aux ultrasons). Une deuxième connexité possible consiste à équiper la chasse d'eau d'objets connectés qui servent d'alerte quand celle-ci fuit.

→ La Californie équipe ses canaux d'auvents à panneaux solaires.

– troisième forme : intersections entre des fonctions.

→ Transformer les fenêtres en panneaux solaires transparents : c'est ce qu'ont récemment développé des chercheurs[159]. D'autres chercheurs, suisses, portent une autre solution[160], qui promettrait des capacités de production d'électricité significatives par rapport au besoin d'un bâtiment (de l'ordre de 40 % ?).

→ Créer la connexité entre un lampadaire et la fonction recharge de voiture électrique, c'est ce qui a été développé par Siemens (déjà à pied d'œuvre en Allemagne et déjà en place au Royaume-Uni). Autre connexité sur le lampadaire, développée par NRGYBox, un boîtier de détection des flux de déplacement permet d'éteindre le lampadaire quand il n'y a personne, avec des économies potentielles jusqu'à 80 %.

→ Rendre le béton capable de stocker de l'énergie électrique[161].

Si, pendant le parcours, des personnes doutent encore de certains possibles à cause des instances publiques et réglementaires, rappelons que nous pouvons très bien porter tel nouveau possible, avec d'autres acteurs, notamment connexes complémentaires, sous la forme d'un projet à impact collectif (cf. chapitre 2) sur lequel les instances publiques vont finir par suivre. Il ne tient qu'à vous de l'initier.

À ce titre, rêvons qu'un tel collectif permette d'alléger l'accumulation de normes en tout genre, véritable antithèse de la sobriété, pour revenir à peu de normes plus fondamentales : celles qui sont les plus en phase avec les murs porteurs d'une performance environnementale 10X collective.

→ Nous avons évoqué précédemment C'est qui le Patron ?, une société coopérative d'intérêt collectif créée en 2016. Elle veut permettre, d'un côté, aux consommateurs de reprendre la main sur leurs actes d'achat (décider de la composition des produits) et, de l'autre, aux producteurs d'être rémunérés à la juste valeur de leur travail (prix de vente du lait devenu non rentable pour eux). Elle porte une approche radicalement différente et collective, sans attendre quoi que ce soit des instances publiques ni des entreprises de la chaîne de distribution. Pour autant, celles-ci l'ont bel et bien suivie par la suite compte tenu de sa valeur collective. Six ans plus tard, 300 millions de produits ont été vendus et, qui plus est, 3 000 exploitations sont soutenues.

Seconde préconisation

Considérer ensuite comment ces possibles 10X peuvent engendrer de nouvelles performances économiques pour l'entreprise

Quoi qu'on dise, nous héritons depuis plus d'un siècle du concept « faire de la croissance économique en premier ».

Mais cela crée le problème d'extinction de la planète, comme le démontrait le MIT en 1972 dans une étude[162] qui a été confirmée depuis par les données scientifiques actuelles[163]. Par conséquent, nous abordons l'écologique comme une contrainte par rapport à la cause économique. Or, la crise écologique que nous engendrons comportera des impacts négatifs majeurs sur cette cause économique. Continuer ainsi nous mène dans un cycle infernal. Une étude de Lancet intitulée Is green *growth happening* révèle que le principe des accords de Paris consistant à augmenter le PIB des pays tout en réduisant le CO_2 nécessitera 223 ans aux onze premiers pays du monde en PIB avec des conséquences négatives sur le PIB mondial. Certes, cela concerne nos instances économiques et politiques, mais reconnaissez que cela révèle un oxymore qui concerne tout autant nos entreprises qui persisteront dans une quête de performance économique en premier. Un article d'Harvard[164] explique que notre empreinte carbone pourrait devenir notre plus gros passif financier. Selon le directeur de l'Agence spatiale européenne, les dommages économiques causés par les vagues de chaleur et la sécheresse pourraient surpasser l'impact de la crise énergétique traversée par l'Europe. Pour autant, le climatologue Christophe Cassou, coauteur du dernier rapport du GIEC, estime que, face au réchauffement climatique, nous avons été dans le déni. En clair, « faire consommer plus à plus de clients pour gagner plus n'est plus possible au XXIe siècle », comme je le soulignais dans mon avant-dernier ouvrage[165].

Par conséquent, la situation de notre planète et les causes de cette situation nous appellent à ne plus mettre l'économique en tant que cause première, mais au service d'une cause première.

Un économiste de renom, Bruno Colmant, membre de l'Académie royale de Belgique, avouait récemment avoir cru à tort aux théories d'Adam Smith[166], selon laquelle le bien-être collectif s'obtient pour partie grâce à l'appât du gain, car, selon lui, l'avidité de l'enrichissement entraîne un saccage de la nature[167] : à partir du moment où l'on a décidé d'exploiter la Terre à un rythme plus rapide que celui dont elle a besoin pour se régénérer, cela veut dire que l'on aspire le futur et que l'on prend et consomme le passé. On est dans une course à la prospérité et à la cupidité, même le secrétaire général de l'ONU le dit.

Notons que ces propos peuvent aussi concerner la relation au travail : mettre le travail au service de ma vie, et non l'inverse, et ainsi non pas gagner ma vie, mais vivre ma vie. Un article nous alerte sur le *quiet quitting*[168] ou encore la « démission silencieuse », notamment chez les jeunes : je reste dans l'entreprise pour en faire un minimum, en y passant le moins de temps possible sans que cela se voie. Pour rappel[169], les entreprises qui prospéreront demain seront celles qui donnent plus qu'elles ne prennent au monde.

Il s'agit de chercher en premier à apporter une nouvelle valeur environnementale et sociétale 10X (première préconisation), pour ensuite réinventer les possibles économiques sous-jacents à cette nouvelle valeur : seconde préconisation. Raisonner de la sorte nous permet de réenchanter notre performance économique à plusieurs titres :

- se contenter de faire du A' (1,1X) écologique induira des pertes économiques, ne serait-ce qu'à cause de l'inflation des prix des ressources et des matières, ou encore d'une fiscalité discriminant les plus pollueurs à l'image de Jaguar-Land Rover qui rachète du CO_2 à Tesla[170] ;
- a contrario, faire un B 10X permet de bénéficier d'une meilleure performance économique que si nous avions continué à placer l'économique en premier. Des études[171] déjà anciennes montrent que, dans un secteur donné, les entreprises qui ont les meilleures performances environnementales et sociétales sont celles qui sont aussi les plus rentables. Elles soulignent que cela les rend aussi plus innovantes ;

- par ailleurs, créer une nouvelle valeur environnementale et sociétale est de nature à engager encore plus les équipes et à attirer encore mieux les talents de demain[172]. Développer de la sorte le moteur humain de l'entreprise engendre une meilleure performance économique.

Détail de quelques approches permettant de faire de la performance environnementale une performance économique

Voici par exemple deux approches censées aider à trouver des possibles 10X en réduction des coûts, car qui dit économique dit gains par rapport aux coûts.

> *Première approche : transformer des ressources cachées potentiellement disponibles*

La citation d'Antoine Lavoisier « Rien ne se perd, rien ne se crée, tout se transforme » tombe à point : nous avons autour de nous quantité de ressources inconsciemment ignorées et pourtant disponibles, que nous pourrions transformer avec de belles perspectives économiques à la clé (rapport revenu/coût) dont voici quelques exemples.

→ La production de CO_2 est surabondante et pose un problème : et si on utilisait le CO_2 ? Après tout, c'est aussi une ressource disponible. Transformer le CO_2 en l'employant dans un réseau de distribution de chaleur et de froid, c'est une transformation de cette ressource qui vient d'être développée en Suisse pour le Campus Energypolis, avec des sources de revenus liés à la décarbonation.

→ Nous avons quantité de coquilles de noisettes vides non employées. La Simop a créé une transformation en les utilisant pour filtrer les eaux usées.

→ Il semble que le réchauffement climatique engendre une prolifération des algues. Or, ces algues sont plutôt perçues comme gênantes que comme des ressources à exploiter. Prometheus est une start-up américaine qui les transforme pour fabriquer du béton à base d'algues qui apportent d'autres bénéfices[173] que leur faible coût. Elles apportent, selon la start-up, les mêmes propriétés que le béton, l'empreinte carbone est 90 % moins élevée que celle du béton, qui, elle, est catastrophique (pour rappel le béton est le troisième « pays » des émissions de gaz à effet de serre). Si ces allégations sont avérées, nous sommes bien dans le 10X.

Pour réaliser cette approche au sein de l'entreprise, il s'agit de commencer par rigoureusement s'étonner des ressources cachées : rien de tel que d'interroger quantité d'acteurs externes pour les collecter. À titre d'illustration sur le cas de l'entreprise sociale de l'habitat, celle-ci pourrait interroger les personnes (résidents) pour lesquelles elle œuvre. Ainsi, ces dernières peuvent se transformer en contributeurs de ressources. Souvenons-nous ainsi de la *maker economy* : pendant la crise de Covid, ce sont des particuliers qui, avec leur imprimante 3D, ont fait et proposé gratuitement les produits et les accessoires qui manquaient dans nos hôpitaux.

Une fois ces ressources listées, il s'agit de faire des investigations et des expéditions d'étonnement permettant de révéler leurs transformations possibles. Pour reprendre l'illustration précédente, il convient d'expérimenter différents scénarios (zigzag), par lesquels initier des *making zig* auprès de telles personnes, puis des *making zag* auprès d'autres.

Pour revenir au cas de l'entreprise sociale de l'habitat, celle-ci pourrait transformer ses actifs immobiliers en sources d'énergie.

→ Toute arête de toit d'immeuble crée une accélération du vent, or cette énergie est perdue. Wind my Roof équipe l'arête de l'immeuble de turbines pour transformer l'accélération du vent en électricité, avec en prime une connexité (cf. quatrième outil proposé pour le temps 2 *Zigzaguer entre des possibles et créer des connexités entre eux*). Cet équipement est aussi équipé de capteurs solaires.

→ Transformer nos fenêtres en panneaux solaires transparents[174] (rappel).

→ Mettre des micro-hydroliennes dans les canalisations avales des gouttières ou des sanitaires pour les transformer en sources d'énergie.

→ Transformer à bon escient des espaces disponibles dans les quartiers en y installant des fermes intelligentes verticales (les techniques d'hydroponie sont prometteuses pour combiner culture intensive au mètre carré et faible impact environnemental), favorisant l'emploi des résidents et les circuits courts pour mieux les alimenter. Elles sont souvent modulaires pour permettre d'adapter la taille désirée et pourraient bénéficier de l'énergie transformée par les immeubles, de leur terreau-engrais naturel transformé à partir des déchets verts et des eaux usées... La start-up Bowery estime[175] que ces fermes sont 100 fois plus productives, notamment grâce à la production continue (faire de la laitue plusieurs fois dans l'année), et à l'intelligence des données permettant d'optimiser la sobriété. Bien entendu, il reste à vérifier la viabilité (cf. la ferme urbaine Agricool placée en redressement judiciaire en 2022, à qui il a peut-être manqué les compétences requises pour bénéficier de foncier à prix accessible et la faculté de réutiliser l'énergie et les eaux usées traitées issues des immeubles).

Tous ces exemples de création de ressources, grâce aux actifs de cette entreprise sociale de l'habitat, engendrent de nouvelles sources de revenus récurrentes, voire croissantes avec le coût de l'énergie.

> *Seconde approche : se réétonner des pertes fatales pour y répondre*

Pour reprendre la citation de Lavoisier, il s'agit ici de considérer les pertes qui subsistent ici ou là dans notre environnement, mais qui ont toujours existé. Par conséquent, nous les percevons comme fatales : « Ça a toujours été comme ça et on a fini par l'accepter. » Or, elles ne sont ni fatales ni acceptables aujourd'hui. Il ne tient qu'à nous de nous réétonner de pertes fatales ou de pertes oubliées pour y répondre, avec à la clé de sérieuses économies.

→ Quand on veut arroser des plantes, l'eau « s'enfuit presque » de la plante soit à cause de la gravité (l'eau descend plus bas en dessous des racines), soit à cause de l'assèchement du sol qui le rend perméable. Berger World, est une start-up savoyarde qui a voulu répondre à cette fatalité. Elle a développé un principe identique aux couches-culottes, assurant la rétention d'eau à côté des racines de la plante, avec des impacts économiques évidents, voire 10X par rapport au climat de demain : beaucoup moins d'eau consommée, arrosages moins fréquents, meilleure santé et meilleure croissance de la plante.

→ Au fur et à mesure du lancement de nouvelles générations de smartphones et d'appareils numériques, les anciens modèles finissent au placard : leur utilité potentielle est fatalement perdue. Une des premières licornes françaises actuelles, Back Market, est née en se consacrant tout simplement à valoriser cette perte fatale. Elle a créé une plate-forme pour récolter et reconditionner ces produits en transformant leur valeur (produit plus accessible et garanti, acte d'achat écologique). Ces profits sont favorisés par le faible coût des produits collectés.

En ce qui concerne l'habitat social, nous avons déjà évoqué les pertes fatales accumulées par les heures de fuites de toutes les chasses d'eau, et la création de connexités pour y remédier. Une autre perte fatale concerne toutes les heures accumulées de pertes thermiques causées par des fenêtres laissées entrouvertes par inadvertance par les résidents. Le législateur a eu beau mettre en place une loi en 2015 sur l'individualisation des frais de chauffage, il semble que son application reste peu respectée[176] encore aujourd'hui. Dans ce sens, il serait intéressant de :

- considérer quelles sont les solutions zig et zag pour mesurer la consommation individuelle, sans forcément recourir à l'installation de compteurs individuels ;
- rendre les résidents acteurs et responsables de leur sobriété positive : avec des objets connectés sur les ouvrants, il est techniquement possible de créer des alertes pour suggérer à la fois d'ouvrir la fenêtre pour aérer et de la fermer. Mais cela ne suffit pas, il faut rendre cela humainement vertueux, d'où peut-être une connexité à créer avec du ludique et des points à gagner, comme savent très bien faire les jeux vidéo.

CONCLUSION

Nous sommes confrontés à un monde qui mute en discontinuité du passé, ce qui nous oblige à réagir de plus en plus fréquemment face à de nouveaux imprévus, au risque de bouger sans cohérence dans la durée et de les subir, avec des conséquences négatives, comme une entreprise qui souffre d'une complexité excessive ou d'une perte d'engagement des salariés par rapport à l'entreprise. Par ailleurs (cf. chapitre 1), lorsque les discontinuités deviennent de plus en plus préjudiciables pour notre entreprise, nous nous appuyons de plus en plus sur notre A afin de nous rassurer à travers du A', avec une forme d'aversion à la perte qui nous empêche de renégocier notre courbe en S vers un nouveau B. En effet, le B comporte des risques bien plus élevés que le A à court terme. Pourtant, c'est le A qui est beaucoup plus risqué que le B à long terme. Voici plusieurs bonnes nouvelles pour résoudre ce dilemme court terme/long terme bien connu.

La première bonne nouvelle a été évoquée en première partie : certes, notre environnement est de plus en plus imprévisible, mais il est aussi de plus en plus malléable[177]. Cela veut dire que le futur appartient plus à ceux qui sauront le créer qu'à ceux qui chercheront à le prévoir.

Par conséquent, la deuxième bonne nouvelle est que nous devons revoir nos approches stratégiques et de construction de projet d'entreprise, à l'image des études[178] révélées par S. Sarasvathy, qui vient d'être nominée par le prestigieux Global Award for Entrepreneurship Research 2022 pour ses vingt ans de travaux.

Si nos entreprises abordaient leur stratégie de manière causale (cf. partie gauche du tableau 2), en faisant évoluer leur modèle actuel A vers du A', aujourd'hui elles peuvent malléer le futur à travers un nouveau modèle B, à condition d'aborder leur stratégie de manière totalement différente, selon une approche appelée « effectuation » (cf. partie droite du tableau 2) qui se consacre à faire des effets possibles. Notre monde étant en train de pivoter, c'est véritablement à travers cette deuxième approche que nous allons pouvoir pivoter à bon escient à travers un B. Le tableau 2 vous éclaire sur les différences entre ces deux approches, en synthétisant par la même occasion l'ensemble du contenu développé dans l'ouvrage.

Approche CAUSALE	➡	Approche EFFECTUATION
Partir d'un BUT-CAUSE pour définir les MOYENS associés et le RETOUR ATTENDU	➡	À moyens donnés, faire des Expérimentations & Expéditions d'Étonnements sous forme de pertes acceptables et trouver des EFFETS POSSIBLES en cours de route
PRÉVOIR l'avenir et rédiger 1 PLAN en conséquence	➡	Privilégier L'ESSAI & la RIGUEUR-À-l'ÉTONNEMENT pour CRÉER le Futur
Raisonner : - Faire Face aux Discontinuités - Concurrence et Avantages concurrentiels - ↗ Volume = principal levier économique	➡	Surfer AVEC les Discontinuités à travers 1 Rêve de Nouvelle Valeur à 4 Dimensions : 1. N.V. auprès des **C**lients 2. N.V. **S**ociétale & **E**nvironnementale 3. N.V. auprès des **S**alariés 4. N. V. **E**conomique
DÉCIDER sur un choix de SOLUTION à long terme	➡	ZIGZAGUER entre Différentes Solutions parallèles & réversibles pour réaliser le Rêve
VOULOIR Innover = Créativité en 1er -> Avoir + de projets d'innovation	➡	FAIRE VENIR l'innovation = Sortir du Statu Quo en 1er -> Concrétiser moins d'innovations qui sont bien plus décisives

Tableau 2. Approche stratégique causale *versus* approche stratégique par effectuation

Vous pouvez constater que la partie gauche correspond à une posture utile de type mercenaire de l'efficience au service de l'existant, alors que la partie droite à une posture missionnaire pour apporter une nouvelle valeur à long terme qui se caractérise comme suit : les entrepreneurs de la partie droite du tableau 2 qui savent « effectuer » de manière naturelle pour leur permettre d'apporter une nouvelle valeur B n'ont pas peur d'échouer, ils ont peur de ne pas essayer, comme le montre une étude[179] récente. Ils considèrent leur parcours pour créer le B non pas comme un sprint, mais comme un marathon.

Nous avons vu que la prospective et la veille stratégique servent la partie gauche, l'approche causale. Or, plus notre environnement évolue en discontinuité, plus il est possible de malléer le futur pour certains, grâce à la partie droite, alors que peut-être pour d'autres, situés dans la partie gauche, plus ils sont en attente de la prospective pour les rassurer. Mais la prospective, malgré ces promesses, ne peut pas imaginer l'œuvre des entrepreneurs de la partie droite du tableau 2. Ceux qui ne font que de la prospective (partie gauche du tableau 2) auront donc un retard stratégique par rapport aux premiers. Pour vous en convaincre, tout le monde prédisait la révolution du métavers depuis plusieurs années et c'est ChatGPT qui arrive de nulle part, si ce n'est d'une effectuation de la part de ses géniteurs pour apporter une nouvelle valeur décisive à partir de l'intelligence des données. Au final, le métavers aurait causé un trou noir[180] de 43 milliards à Meta.

Dans la partie gauche, on cherche naturellement à définir la nouvelle stratégie en premier. Dans la partie droite, on consacre du temps pour poser la question stratégique à laquelle notre stratégie doit répondre avant de la définir. C'est bel et bien ce temps qui nous permet de répondre à la question suivante : compte tenu des étonnements de rotation de carafe et de nouveaux possibles, et de ce qui nous anime profondément en lien avec notre raison d'être, quelle est la question clé à laquelle notre stratégie doit absolument répondre à long terme ? Plus notre monde bouge, plus nous devons amplifier notre temps consacré à la partie droite pour poser au mieux cette question stratégique à laquelle l'entreprise doit répondre à long terme.

Bien entendu, il ne s'agit pas de jeter la partie gauche « avec l'eau du bain ». Il s'agit de rééquilibrer vers une partie droite plus active et dominante. Ce tableau vous sert d'autodiagnostic par rapport à cet enjeu posé par notre environnement qui est en train de pivoter : en quoi notre approche stratégique actuelle est-elle suffisamment en effectuation vers un B ?

Rappelons que c'est bel et bien notre raison d'être, à condition qu'elle incarne une posture missionnaire, c'est-à-dire qu'elle soit exprimée en tant qu'« énergie à apporter quelque chose » d'important, et non pas en tant que marché à servir (posture mercenaire). C'est cette énergie qui sert d'élan naturel pour « effectuer », et qui peut nous emmener dans d'autres marchés B que celui de notre A. N'oublions pas qu'avoir ses œufs dans différents paniers, c'est-à-dire des débouchés, caractérisés par des conjonctures différentes, est ce qui nous permet de maîtriser notre destin dans un monde turbulent.

La figure 9 vous donne le synoptique général pour élaborer votre nouveau projet d'entreprise. L'approche causale reste consacrée à définir un plan à trois ans sur notre A. Pour éviter

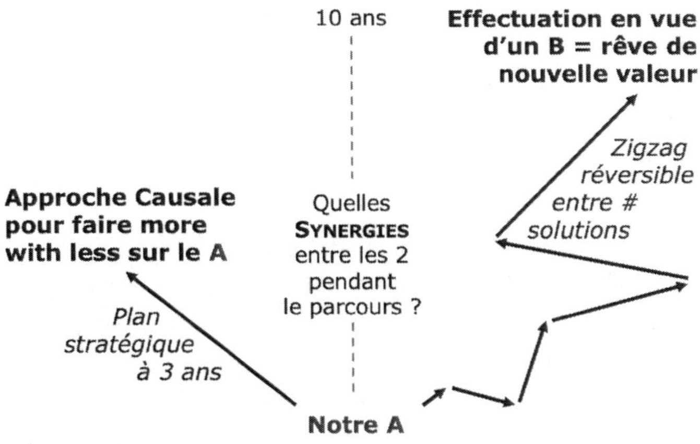

Figure 9. Résumé de l'approche pour forger notre projet d'entreprise et surfer avec un monde qui bouge

tout dilemme vis-à-vis de notre collectif entre l'approche causale sur le A et l'effectuation sur le B, une étude[181] démontre qu'il faut les faire à la fois séparément et en synergie. Notons à ce titre que les approches de gestion de projet sont radicalement différentes :

– d'un côté sur le A, nous sommes sur un terrain connu avec une gestion de projet classique analytique et un parcours linéaire à trois ans ;
– de l'autre sur le B, nous faisons face à un terrain inconnu semé d'embûches, avec une gestion de projet spécifique sous forme de zigzags parallèles et réversibles entre plusieurs solutions et hypothèses, pendant un parcours non linéaire de dix ans.

Alors que le « pourquoi » de l'effectuation dans un monde qui bouge a fait l'objet de nombreuses publications, la question du « comment » demeure relativement vide ou absente de réponses. Aussi, vous avez découvert tout au long de l'ouvrage de nombreux outils et pratiques sur « comment faire l'effectuation ».

Précisons à nouveau que la première instance qui doit se mettre en posture d'effectuation est l'équipe dirigeante : qu'en est-il de votre équipe dirigeante ? En quoi sa posture et ses pratiques sont-elles suffisamment en effectuation ? Rappelons que plus la discontinuité est forte, plus il s'agit de nous délivrer de l'existant et de nos croyances associées pour inventer de nouvelles créations de valeur décisives, par l'effectuation.

À défaut, nous répondrons à la discontinuité par des solutions d'hier qui nous maintiendront dans un statu quo. Nous aurons beau multiplier le nombre de projets d'innovation, ceux-ci resteront faiblement innovants, tout en exacerbant notre complexité interne. Par ailleurs, cela dilue le sens, à force d'aller dans tous les sens.

D'où la troisième bonne nouvelle révélée dans l'ouvrage : on peut innover mieux en innovant moins (cf. chapitre 5) : les entreprises qui ont très peu de grandes innovations (innovation à fort impact et à risque élevé) sont plus performantes que celles qui ont plein de petites innovations (innovation à peu d'impact et à risque faible).

Et voici une quatrième bonne nouvelle, associée aux trois premières : plus le monde bouge, plus il est primordial de délester nos organisations de leur complexité interne pour libérer nos hommes et leur permettre d'agir de manière plus agile et efficiente. Comme me disait un dirigeant avisé, lorsque j'étais en mission dans son entreprise, on ne peut pas faire une transformation sans « alléger le bazar ». Cela veut dire que, parallèlement à l'effectuation pour concrétiser notre B demain, nous devons revenir aux murs porteurs de notre A pour enlever à bon escient toutes les cloisons inutiles ou nuisibles au A. Cela permet d'obtenir plus avec moins sur le A : plus de performance avec moins de moyens et de complexité sur le A.

J'ai pu expérimenter qu'en procédant de la sorte dans différentes entreprises que j'ai accompagnées, cela permet aux salariés de retrouver du sens en faisant des choses plus significatives, sans subir une complexité inutile et toxique. Cela engendre un meilleur engagement de leur part et ces entreprises réenchantent ainsi la valeur qu'elles apportent à leurs salariés. C'est aussi ce qui donne de la place, des moyens et du temps pour permettre, en parallèle de la réalisation du plan à trois ans sur le A d'« effectuer » vers le B à dix ans.

Une cinquième bonne nouvelle : nous n'aurons pas le même impact sur les enjeux sociétaux, environnementaux et économiques, selon que nous portons notre B seuls, ou que nous portons un impact collectif à plusieurs. Souvenons-nous que cela donne l'équation suivante : $1 + 1 + 1 = 3^2 = 9$. L'observation montre qu'une telle approche de *collective impact* permet de diriger nos instances publiques et nos gouvernements, de diriger au sens de « porter une direction ambitieuse à long terme » : plus cette approche implique de parties prenantes et plus cela les oblige à la suivre.

Enfin, face aux enjeux évidents à long terme de notre planète et aux enjeux sociétaux associés, nous avons vu que plus nous attendons de maîtriser notre savoir sur ces enjeux, et moins nos décisions auront un impact. Notre équipe décisionnelle doit donc prendre des décisions liées aux effectuations, aux nouveaux possibles, bien avant d'avoir tout maîtrisé sur eux. Serait-ce la clé pour réussir la vie de l'entreprise comme le soutient A. Einstein ?

Il n'y a que deux façons de vivre sa vie :
l'une en faisant comme si rien n'était un miracle,
l'autre en faisant comme si tout était un miracle.

NOTES

1 Acronyme décrit en 1985 par deux économistes, Warren Bennis et Burt Nanus, dans l'ouvrage *Leaders. The Strategies For Taking Charge.*

2 *In Conversation with Yves Morieux About Complexity*, BCG Henderson Institute, janvier 2020.

3 D'après Planetary boundaries, Stockholm Resilience Center, 2022.

4 De récents événements laissent-ils poindre un nouvel enjeu d'équité écologique que les personnes les plus riches et les plus polluantes doivent respecter : lutte contre les jets privés, sabotage de golfs toulousains et de jacuzzis dans les Vosges pendant la sécheresse ?

5 D'après Your strategy needs a strategy, *Harvard Business Review*, septembre 2012.

6 H. Omer et N. Alon, The Continuity Principle: A Unified Approach to Disaster and Trauma, *American Journal of Community Psychology*, 22/2, avril 1994.

7 Cf. biais de confirmation explicité en détail sur Wikipédia.

8 H. Bhargava *et al.*, How Tesla's Charging Stations Left other Manufacturers in the Dust, *Harvard Business Review*, 2021.

9 C. Handy, The Second Curve, *Random House Business*, 2015 ; P. Nunes et T. Breene, Reinvent your business before it's too late, *Harvard Business Review*, 2011 ; E. Johnson, MIT Step Up, Step Back – How to Really Deliver Strategic Change in Your Organization, *Bloomsbury Business*, 2020.

10 Étude réalisée par D. Kahneman et A. Tversky, couronnée au Nobel Memorial Prize Economics 2002 : *Prospect theory.*

11 Why Agile Goes Awry and how to Fix it, *Harvard Business Review*, 2018 ; Design Thinking Is Fundamentally Conservative and Preserves the Status Quo, *Harvard Business Review*, 2018 ; Stand-up Meetings Inhibit Innovation, *Harvard Business Review*, 2021 ; *Lean Startup and the business model: experimentation revisited*, Wharton Institute, 2020 ; *The Mean Startup, how GE Failed at Doing Innovation*, P. Media, 2018.

12 Energy savings disappear between two and four years after retrofitting by loft insulation, *Energy Economics*, vol. 117, janvier 2023.

13 M. Halassa, *To Pay Attention, the Brain Uses Filters, Not a Spotlight*, MIT, 2019.

14 *Workplace Morality: Behavioral Ethics in Organizations*, Emerald Publishing, 2013 ; Let your workers rebel, *Harvard Business Review*, 2016 ; Behavioral Ethics in Practice, *Routledge*, 2020.

15 P. Mehrota *et al.*, Common Fallacies About Creativity, *Harvard Business Review*, 2021 (qui cite explicitement l'illusion du brainstorming comme l'une des trois erreurs majeures en créativité).

16 L. Corot, Comment BMW utilise Omniverse de Nvidia pour rendre ses usines plus intelligentes, *L'Usine Digitale*, 2021.

17 K. Kreiner et S. Christensen, *Leadership et apprentissage dans un monde imparfait*, Djøf Forlag, 1991.

18 D'après références de la note 17.

19 F. Gino, *Let your workers rebel*, 2016 ; F. Gino, *The business case of Curiosity, Harvard Business Review*, 2018.

20 P.M.A. Siren *et al.*, Persuade Your Company to Change Before It's Too Late, *Harvard Business Review*, 2022.

21 C. Christensen, Innovation Killers : How Financial Tools Destroy Your Capacity to Do New Things, *Harvard Business Review*.

22 Exemple précisé dans mon ouvrage *Business Model Vert-L'économie durable comme stratégie gagnante*, paru chez Dunod en 2010, ouvrage qui a été lauréat du prix du livre 2011.

23 J. Kania et M. Kramer, *Collective impact : Large-scale social change requires broad cross-sector coordination, yet the social sector remains focused on the isolated intervention of individual organizations*, ssir.org, 2011.

24 A. Grant, *How Non-Conformists Move the World*, Penguin Books, 2017.

25 B. Taylor, The Best Entrepreneurs Are Missionaries, *Harvard Business Review*, 2016.

26 Un baromètre récent, 2021 Edelman Trust Barometer, révèle que 86 % des responsables exécutifs d'entreprise pensent que leur entreprise doit jouer un rôle de premier plan dans la résolution des problèmes sociétaux.

27 D. Sullivan et Dr. B. Hardy, *10x Is Easier than 2x: How World-Class Entrepreneurs Achieve More by Doing Less*, Hay House Business, 2023 ; G. Cardone, *The 10X Rule: The Only Difference Between Success and Failure*, Wiley, 2011 ; S. Ismail, P. Diamandis et M.S. Malone, *Exponential Organizations 2.0: The New Playbook for 10x Growth and Impact*, Ethos Collective, 2023.

28 *How the Most Successful Innovators Bring Their Ideas to Life*, IMD, 2018 ; The New-Market Conundrum, In emerging industries the usual rules of strategy don't apply, *Harvard Business Review*, 2020 ; *When Putting Work Off Pays Off: The Curvilinear Relationship Between Procrastination and Creativity*, Wharton Institute, 2020.

29 M. Mankins et M. Gottfredson, Strategy-Making in Turbulent Times, *Harvard Business Review*, 2022.

30 D8 Conférence, juin 2010.

31 C. Christensen *et al.*, What Is Disruptive Innovation ?, *Harvard Business Review*, 2015.

32 D.A. Moore, *Perfectly Confident: How to Calibrate Your Decisions Wisely*, Harper Business, 2020.

33 N. Wasserman, *The Founder's Dilemmas: Anticipating and Avoiding the Pitfalls That Can Sink a Startup*, Princeton University Press, 2021.

34 B. Louvet, Transition énergétique : nous faisons tout à l'envers !, *Les Échos*, 2022.

35 F. Gino, The Business Case for Curiosity, *Harvard Business Review*, 2018.

36 M. Iansiti et K. Lakhani, Competing in the Age of AI. How machine intelligence changes the rules of business, *Harvard Business Review*, 2022.

37 Democratizing Transformation. Developing a Digital Mindset, *Harvard Business Review*, 2022.

38 R. Ashkenaz, Simply Effective : How to Cut Through Complexity in Your Organization and Get Things Done, *Harvard Business Review*, 2009.

39 S. Denning, Volkswagen And Its Hidden Debts, *Forbes*, septembre 2015.

40 Cf. article *Vos développeurs démissionnent ? Et si c'était parce que votre code est tout simplement dégueu ?* (ZDNet, 2021), lequel appuie ces allégations à partir d'une étude de *Stepzise report*.

41 S. Earley et J. Bernoff, Is Your Data Infrastructure Ready for AI ?, *Harvard Business Review*, 2020.

42 M. Iansiti et S. Nadella, Democratizing Transformation, *Harvard Business Review*, mai 2022.

43 M. Iansiti, Head of the Technology and Operations Management Unit and the Digital Initiative, Harvard.

44 D. Karlan et M. Luca, How to Use Correlation to Make Predictions, *Harvard Business Review*, 2022.

45 S. Daley, *Blockchain in Real Estate: 17 Companies Shaping the Industry*, Bluitin.com, 2021.

46 A. Uzialko, Beyond Bitcoin: How Blockchain is Improving Business Operations, *BusinessNewDaily*, 2023.

47 M. De Vivo, How Small-Business Owners Can Use Blockchain And Big Data For Bigger Profits, *Forbes*, 2018.

48 Échec de Garry Kasparov contre Deep Blue en 1997.

49 Victoire d'AlphaGo en 2016.

50 A. Fine et B. Kanter, Using Technology to Make Work More Human, *Harvard Business Review*, 2022.

51 « Proptech » : ces start-up qui réinventent l'immobilier, *JDD*, 2022.

52 D'après article de la note 36.

53 Cf. note 51.

54 M. Grumiaux, Apple et vie privée : vraie promesse ou stratégie marketing ?, *Clubic*, 2022.

55 S. Thomke et G.W. Loveman, Act like a scientist, *Harvard Business Review*, 2022.

56 S. Thomke, Building a Culture of Experimentation, *Harvard Business Review*, 2020.

57 R. Ashkenas et P.D. Moore, Keeping Sight of Your Company's Long-Term Vision, *Harvard Business Review*, 2022.

58 Cf. révélations de l'ouvrage *Competitive Advantage* de M. Porter (2004).

59 Cf. note 38.

60 Cf. note 39.

61 L. Wu *et al.*, Large teams develop and small teams disrupt science and technology, *Nature*, 2019.

62 D. Graeber, *Bullshit jobs*, Les liens qui libèrent, 2018.

63 S. Glaveski, How DAOs Could Change the Way We Work, *Harvard Business Review*, 2022.

64 R. Chen et R. Ma, How Byte Dance Became the World's Most Valuable Startup, *Harvard Business Review*, 2022.

65 D'après article de la note 64.

66 V. Govindarajan et R. Ramamurti, Delivering World-Class Health Care, Affordably, *Harvard Business Review*.

67 C. Guignon, L'intelligence artificielle au service de l'expérience collaborateur, un outil que se répand en entreprise, *Le Monde*, 2022.

68 Autofrustration numérique et résignation des employés, *Nexthink*, 2022.

69 Cf. note 55.

70 Cf. mon tout dernier ouvrage *Désapprendre pour innover. En finir avec l'innovation washing* (Mardaga, 2021).

71 D. Galley *et al.*, *Five Rules for Fixing AI in Business*, BCG, 2022.

72 Democratizing Transformation. Developing a Digital Mindset, *Harvard Business Review*, 2022.

73 Cf. rubrique « Le paquet législatif sur les services numériques » sur le site officiel de l'UE.

74 G.K. Kurmanova, Land management in the context of digitalization, *Research Gate*, 2020.

75 O. Alhava *et al.*, Construction Industry needs an Airbnb of its own !, *Research Gate*, 2017.

76 M.W. Van Alstyne *et al.*, Pipelines, platforms and the new rules of strategy, *Harvard Business Review*, 2016.

77 L'étude IMD Lausanne 2022 montre que les entreprises établies qui résistent le mieux aux disruptions sont celles qui savent réduire au minimum leur complexité interne : T.W. Malnight et Y. Buche, The Strategic Advantage of Incumbency, *Harvard Business Review*, 2022.

78 H.L. Lee, How extreme agility put Zara ahead in fast fashion, *Financial Times*, 2019.

79 J.W. Ross et C.M. Beath, *Building Business Agility at Southwest Airlines*, MIT.

80 E. Bernstein *et al.*, Beyond the holacracy hype, *Harvard Business Review*, 2016.

81 L. McGregor et N. Doshi, Why Agile Goes Awry and How to Fix It, *Harvard Business Review*, 2016.

82 L. Claus, HR disruption. Time already to reinvent talent management, *Science direct*, 2019.

83 From HR transformation to HR disruption to HR reinvented Spiceworks : How is Technology Disrupting the HR Workforce, *Kennedy Fitch*, 2019.
84 *Le SuperBlock : retour sur une expérience radicale de transformation de la ville*, projeturbain.net, 2021.
85 M. Cabrera, Use co-opetition to build new lines of revenue, *Harvard Business Review*, 2014.
86 A. Nagaraj, *The Streetlight Effect in Data-Driven Exploration*, UC Berkeley, 2022.
87 Cf. note 70.
88 F. Gino, The business case of Curiosity, *Harvard Business Review*, 2018.
89 Aux États-Unis, une rentrée des classes sans professeurs, *Les Échos*, 2022. R. Bendavid, directeur à l'IFOP, estime que la relation au travail a évolué et que la question de la démission n'est plus du tout taboue en France.
90 L.A. Lauriano *et al.*, When Aspirational Talk Backfires : The Role of Moral Judgements in Employees' Hypocrisy Interpretation, *Journal of Business Ethics*, 2021.
91 Source : rapport SISPEA 2020.
92 Organisation pour l'alimentation et l'agriculture des Nations unies.
93 Singapour, une histoire d'eau, *Les Échos*, 2014.
94 Julie Mendret est docteure en génie des procédés de l'environnement, Université de Montpellier.
95 Peter Drucker est professeur à l'Université de New York et multi-auteur en entrepreneuriat et innovation.
96 Étude d'Adam Grant, psychosociologue Wharton School, qui a fait l'objet de l'ouvrage *Give and take a revolutionary approach to succès* (Weidenfeld & Nicolson, 2013).
97 Cf. note 25.
98 P. Polman et A. Winston, *Net Positive : How Courageous Companies Thrive by Giving More Than They Take*, Harvard Business Review Press, 2021.
99 A. Hassan et S.J. Barber, The effects of repetition frequency on the illusory truth effet, *Springer Open*, 2021.
100 Cf. note 96.
101 Enquête BCG, *Raison d'être des entreprises, qu'en retiennent les salariés ?*, mai 2022.

102 R. Friedman, 5 Things High-Performing Teams Do Differently, *Harvard Business Review*, 2021 ; W. Johnson, Celebrate to Win, *Harvard Business Review*, 2022.

103 Collectif coincé pendant 22 mois dans la banquise qui arrive à survivre malgré les conditions extrêmes et finit par revenir de son périple par ses propres moyens. Une des clés tient dans l'attention de Shackleton pour célébrer tout ce qui était possible.

104 E.M. Anicich et A.J. Lee, More Powerful People Express Less Gratitude, *Harvard Business Review*, 2022.

105 V. Beauchene et M. Cunningham, *The end of management as we know it?*, BCG-IPSOS, 2019 ; R. Hollister et M.D. Watkins, Too Many Projects, *Harvard Business Review*, 2018.

106 Conséquences inattendues de l'accélération de la transformation digitale, *Forbes*, août 2022.

107 G. Adams *et al.*, When Subtraction Adds Value, *Harvard Business Review*, 2022.

108 *Demystifying complexity in the modern workforce*, Pega, Workforce Trends Report, 2022.

109 Cf. note 77.

110 F. Nietzsche (philosophe) : « Tout le monde croit que le fruit est l'essentiel de l'arbre quand, en réalité, c'est la graine ! »

111 Cf. note 86.

112 C. Zooc et J. Allen, Reigniting Growth, *Harvard Business Review*, 2016.

113 C. Zook et J. Allen, The Great Repeatable Business Model Leveraging a simple formula allows corporations to create new and more-lasting differentiation, *Harvard Business Review*.

114 Too many projects. How to Stop Initiative Overload in Your Organization, *Harvard Business Review*, 2018.

115 G.S. Day, Is It Real ? Can We Win ? Is It Worth Doing ? Managing Risk and Reward in an Innovation Portfolio, *Harvard Business Review*.

116 J. Folkman, To Get Results, the Best Leaders Both Push and Pull Their Teams, *Harvard Business Review*, 2022.

117 M. Moretensen et A.C. Edmondson, Rethink Your Employee Value Proposition, *Harvard Business Review*, 2023.

118 M. Haas (Wharton Inst.) et M. Mortensen (Insead), The secret of Great Teamwork, *Harvard Business Review*, 2016.

119 Produits chimiques per- et polyfluorés.

120 European Environnement Agency, *Que sont les PFAS et en quoi sont-ils dangereux pour ma santé*? L. Li *et al.*, Exposure routes, bioaccumulation and toxic effects of per- and poly-fluoroalkyl substances (PFASs) on plants : A critical review, *Science direct*, 2022.

121 M. Koppe, Comprendre les îlots de chaleur urbains, *Le Journal CNRS*, 2021.

122 Sources : Bureau de recherches géologiques et minières (BRGM) et ministère de la Transition écologique, 2022.

123 *À Lille, les cours d'écoles deviennent des îlots de fraîcheur !*, CERDD, 2021.

124 Titre d'un article de *Challenges* (19 octobre 21).

125 Retard à l'allumage dans la lutte contre l'artificialisation des sols, *Pleinchamp*, février 2022.

126 *To beat the summer heat, passive cooling really wok*, Université de l'Oregon, juin 2022.

127 S. Menon, *Everyone's excited about this new climate solution, but it could create a new climate problem. We need to talk about hydrogen*, Environmental Defense Fund, 2022.

128 A. Dupoué *et al.*, *Lizards from warm and declining populations are born with extremely short telomeres*, PNAS, 2022.

129 I.T. Cousins *et al.*, *Outside the Safe Operating Space of a New Planetary Boundary for Per- and Polyfluoroalkyl Substances (PFAS)*, American Chemical Society, 2022.

130 J. Brahney, *Constraining the atmospheric limb of the plastic cycle*, PNAS, 2021.

131 L. Jianyu *et al.*, Detection and Attribution of Human Influence on the Global Diurnal Temperature Range Decline, *Geophysical Research Letter*, 2022.

132 Titre d'un article du huffingtonpost.fr, août 2022.

133 Étude de l'ONG américaine Global Footprint Network, relayée par WWF concernant la France.

134 COP26 : les pays pauvres ne veulent plus payer les dégâts de la crise climatique.

135 Le rapport du World Inequality Lab at the Paris School of Economics (décembre 2021) estime que les 10 % des individus les plus riches sont responsables de près de la moitié (48 %)

des émissions de CO_2 des individus mondiaux, d'où les débats récents sur l'usage de jets privés à titre personnel.

136 La consommation délirante d'un *data center* de Microsoft fait grincer des dents aux Pays-Bas en pleine sécheresse. Des entreprises du CAC 40 se voient reprocher des profits « colossaux au regard de la crise énergétique », alors même qu'elles paient proportionnellement beaucoup moins d'impôts que les PME et que certaines d'entre elles auraient une lourde responsabilité sur la situation écologique actuelle.

137 Magali Reghezza-Zitt est codirectrice du Centre de formation sur l'environnement et la société de l'École normale supérieure.

138 L. Kemp, *Climate Endgame : Exploring catastrophic climate change scenarios*, PNAS, 2022.

139 *The limits to Growth*, MIT, 1972.

140 G. Branderhorst, *Update to Limits to Growth : Comparing the World3 Model with Empirical Data*, Harvard University, 2020.

141 Jean-Marc Jancovici, ingénieur créateur du bilan carbone et de l'association shift projet, était l'invité du 8 h 30 sur France Info le 29/08/22.

142 J. Collins, *Good to Great*, Harper-Collins, 2001.

143 S. Rajgopal, What Are The Limitations Of The GHG Protocol ?, *Forbes*, 2022.

144 Le SASB est une organisation à but non lucratif, fondée en 2011, qui vise à identifier les leviers de meilleur impact environnemental et sociétal selon tel ou tel métier de l'entreprise concernée.

145 C.C. Markides et F. Vermeulen, Have Companies Become Too Specialized?, *Harvard Business Review*, 2023.

146 J.M. Lee, Founder CEOs and Innovation : Evidence from S&P 500 Firms, *Social Science Research Network*, 2016.

147 W. Tsai, *"Reality" is constructed by your brain. Here's what that means, and why it matters*, Stanford, 2020.

148 Invention récente de chercheurs en nanotechnologies de l'Institute for Frontier Materials (IFM), Université de Deakin, Australie.

149 A. Arnsten, *Stress Impairs Prefrontal Cortical Function*, Yale University, 2009.

150 R. McDonald R. et K.M. Eisenhardt, The New-Market Conundrum, *Harvard Business Review*, 2020.

151 Rapport de la COMEST (ONU) : *L'éthique de l'eau : océans, eau douce, zones côtières* (2018).

152 K. Mehta, The Best Innovations Are a Cluster, *Forbes*, 2019.

153 ESOTC (European State of the Climate), *Impact Low winds*, 2021.

154 M. Al-Khayat, Performance analysis of a 10-MW wind farm in a hot and dusty desert environment, *ScienceDirect*, 2021.

155 T. Scotson, *Giant £2million wind turbine was knocked over by the WIND after raging storms and 50mph gales made blades on 300ft tall turbine turn at twice their normal speed*, Mail online, 2022.

156 K. Champeau, *Comment ces éoliennes en mer vont produire des poissons*, revolution-énergétique.com, 2023.

157 Cf. ouvrage cité en note 22.

158 Entre autres : les voitures Lightyear, le revêtement de carrosserie Timberline Solar, la remorque photovoltaïque proposée par Tesla.

159 Chercheurs de l'Université de Michigan State University : cf. S. Jarman, Transparent solar panels could soon turn windows into energy harvesters, *Freethink*, 2022.

160 C. Bello, *Electricity-generating windows? Swiss scientists design more efficient transparent solar panels*, euronews.next, 2022.

161 MIT scientists create revolutionary energy-storing cement, *The Brighter Side of News*, 2023.

162 MIT, *The limits to Growth*, 1972.

163 G. Branderhorst, *Update to Limits to Growth : Comparing the World3 Model with Empirical Data*, Harvard Library, 2020.

164 R.G. Eccles et J. Mulliken, Carbon Might Be Your Company's Biggest Financial Liability, *Harvard Business Review*, 2021.

165 Cf. note 22.

166 Adam Smith est un économiste et philosophe écossais du XVIIIe siècle, connu pour sa théorie sur l'appât du gain avec son ouvrage *La Richesse des nations*.

167 Le capitalisme néolibéral n'est plus compatible avec le défi climatique, *La libre*, août 22.

168 L. Coromines, Travail : c'est quoi le « quiet quitting » qui suit la Grande Démission ?, *ADN*, août 2022.

169 Cf. note 98.

170 M. Carpentier, *Tesla fait le bonheur (ou la survie) de Jaguar et Land Rover*, presse-citron.net, 2021.

171 R.G. Eccles et G. Serafeim, The Performance Frontier: Innovating for a Sustainable Strategy, *Harvard Business Review*, 2013 ; M. Benlemlih et J. Peillex, Revisiter la question « Does it pay to be good ? » dans le contexte européen, *Recherches en Sciences de Gestion*, 2019.

172 R. Bailey *et al.*, *Esg As A Workforce Strategy Engaging today's employees and attracting tomorrow's talent*, Marsh McLennan, 2022.

173 V. Hamon-Beugin, La start-up américaine Prometheus fabrique du béton avec des algues, *Usine Nouvelle*, juin 2022.

174 Cf. article de la note 159.

175 Propos de son fondateur dans : These smart farms are 100 times more productive than traditional agriculture, *Flipboard*, 2022.

176 H. Buzy-Casaux, Énergie : va-t-on enfin individualiser les frais de chauffage dans les logements collectifs, *Capital*, 2022.

177 Cf. note 5 et figure 2.

178 Causation and effectuation : Toward a theoretical shift from economic inevitability to entrepreneurial contingency, *Academy of Management Review*, 2001 ; S.D. Sarasvathy, *Effectuation : elements of entrepreneurial expertise*, Edward Elgar Publishing, 2009.

179 Cf. note 24.

180 T. Pontiroli, Le métavers de Zuckerberg, un trou noir de 43 milliards de dollars, *Les Échos*, juillet 2023.

181 V. Govindarajan et C. Trimble, Building Breakthrough Businesses Within Established Organizations, *Harvard Business Review*, 2005.

À PROPOS DE L'AUTEUR

Praticien en stratégie et innovation auprès des entreprises depuis plus de vingt ans, Maximilien Brabec est convaincu que, comme notre environnement est en train de pivoter, nos entreprises peuvent se réinventer pour pivoter, elles aussi, non pas à cause des mutations, mais avec leurs potentialités. Cela nécessite de revisiter les classiques de la stratégie qui sont de moins en moins adaptés à un monde sujet à de plus en plus de mutations.

En se confrontant aux enseignements de ses propres expériences de consulting auprès d'entreprises, pour définir et réaliser leur projet d'entreprise, et aux révélations d'études récentes, il s'est efforcé de développer d'autres approches plus porteuses pour permettre à l'entreprise et à son collectif de malléer une nouvelle création de valeur à long terme dans un environnement turbulent.

Professeur affilié à l'ESCP Business School en stratégie et innovation, il est également expert conférencier reconnu auprès de clubs de dirigeants d'entreprise à travers l'APM (plus de 500 interventions), auteur de différents ouvrages et articles, notamment sur *Harvard Business Review*.

Autres ouvrages

Désapprendre pour innover, Mardaga, 2021.

Business Model Vert: l'économie durable comme stratégie gagnante, Dunod, 2010 (lauréat du prix Qualité Performance 2011).

Sortir du Me-too: la stratégie de compétition par la différence, PUF, 2004.

Autres ouvrages avec un collectif d'auteurs

Managementor (4e édition de Manageor), Éditions Dunod, 2022, à travers le chapitre suivant: *La capacité de désapprendre est indispensable pour innover.*

L'avenir, c'est demain! 27 propositions pour 2035, Éditions Autrement, 2016, à travers le chapitre suivant*: Mutations non linéaires et nouvelles créations de valeur en 2035 à travers un changement de modèle stratégique.*

Renaissance(s). Le plaisir d'entreprendre, Éditions Eyrolles 2014.

Repenser l'Entreprise: saisir ce qui commence, vingt regards sur une idée neuve, Éditions du Cherche Midi, 2008, à travers le chapitre suivant*: L'économie verte, un outil de différenciation stratégique pour les entreprises.*

TABLE DES MATIÈRES